ブレない信念

12人が証言する

サッカー日本代表

鎌田大地の成長物語

プロローグ

「大地は人との出会いに恵まれています。必要なタイミングで必要な人と出会えています」

鎌田大地の父・幹雄さんはそう話す。大地がキッズFC（愛媛県）に所属した小学生のときは、ナショナルトレセンU－12四国のメンバーに5年生にして選出されるなど、キャリアを順調に歩んでいた。ところが、その後のガンバ大阪ジュニアユースではケガが多かったことも影響し、思い通りの出場機会を得られなかった。初めての挫折だった。

ガンバジュニアユースでも順風満帆だったら、東山高校（京都府）には進んでいなかった。東山高校に進んでいなかったら、サガン鳥栖でプロになったかどうかわからない。しかし、偶然なのか、彼が引き寄せた運命なのか、人生の岐路で、その後を左右する人物と出会っている。

現在は隔月刊誌の『サッカーマガジン』（ベースボール・マガジン社）が週刊誌だった今から10年ほど前のことだが、注目に値する高校生プレーヤーを掲載する「クラブユース&高校支局」という特集ページがあった。私は、当時2年生だった大地を紹介することを編集部に提案し、大地の記事を書かせてもらった。駆け出しのフリーライターだった私にとって、『サッカーマガジン』は学生時代から読んでいたあこがれの雑誌だったが、そこで初めて執筆したのがそのとき。大地にとっても、メディアに初めて取り上げられる機会になった。そして、この記事が、幹雄さんとの出会いにもつながった。

それ以降も続けた大地の取材で得た、こういう選手がプロに進んで活躍するんだという肌感覚は、私の財産になった。彼との出会いがなかったら、その後も高校生の取材を続けられていたかどうかわからない。

大地との出会いにより、今の私がある。だから、私も、自分が人との出会いに恵まれていると感じる。大地がヨーロッパに行ってからは取材する機会がなくなったが、現在でも、私にとって思い入れが強い選手である。

そうした経緯があった中で、今回、私の脳裏に真っ先に浮かんだ企画が、大地が歩んできたこれまでのヒストリーだった。自叙伝にすることも可能だったかもしれない。しかし、シーズンの真っ最中であり、本人に迷惑をかけるわけにはいかなかった。

それに、冒頭の言葉が私の頭の中に残っていた。どんな指導者やチームメイトに出会ったことで今の活躍に至ったのかを私自身が知りたいと思った。それが、本人の許可を得て、初の公式バイオグラフィーが書籍化されることになったいきさつである。

執筆に際しては、幹雄さんを含め、12人の関係者に話を聞いた。印象的だったのは、その中の指導者の多くが「自分は大地を育てたとは思っていない」と話したことである。謙遜ではない本音として語るその姿からは、指導者としての信念やこだわりが感じられ、「大地は人との出会いに恵まれています」という言葉の意味を深く理解できた。

また、本人に対する取材では知り得なかった、大地の一面を知れる貴重な機会になった。原稿に目を通した幹雄さんが「親が知らないところで頑張っていたことがわかりました。指導者の方々がいろいろな思いを持って大地と接してくれていたこともわかりました」と口にしたのが、印象に残る。

ヨーロッパで「アイスマン」と呼ばれるように、大地は、決して口数が多いタイプではない。しかし、心の中では、サッカーに対する熱い思いを誰よりも持っている。本人も、人との出会いに恵まれたと感じているはずである。だからこそ、縁があった指導者やチームのところに、帰国するたびに顔を出し続けるのだろう。

12人の証言に目を通してもらえたら、鎌田大地というサッカー選手をこれまで以上に応援したくなるのではないだろうか。彼の新たな面を知り、彼が歩む新たなチャレンジを応援してほしい。そうなれば、著者としてうれしい限りである。

森田　将義

CONTENTS

プロローグ　2

第1章
キッズFC時代　9
小学校に入学する頃、リフティングの回数は1000回を超えていた／2学年上までなら、1人で5、6人かわしてシュートまで持ち込んでいた／目標はバロンドールを受賞すること。飼っていた犬をバロンと名づける／県内で目を引くタレントがそろい、クラブ初となる県大会優勝を果たす／「上には上がいると思わされます。まったく満足させてもらえません」

第2章
ガンバ大阪ジュニアユース時代　57
「見てすぐに合格という感じでした。姿勢や見るところがほかの選手とは違いました」／小学校の卒業式に出席したその足で、ガンバの遠征に参加するために大分県に向かう／正解とされるようなプレーとは違うものを好み、「おもろいプレー」を求める／小柄で体力もなく、ベンチを温める試合が多くなった。ケガがちで、定位置をつかめなかった／サッカーがうまくいかなくなり始めたことが、私生活にも影響をおよぼす／中学2年でのBチーム行き。「俺の体は、いつになったら、思い通りに動くんだ」／「ガンバでやってきた経験はでかいです。考え方がいろいろと変わりました」／「僕らも中学のときからみんな引っかかっていたので、見ると懐かしく思います」

エピソード1
鎌田大夢（弟）　112
「小さい頃からチャンピオンズリーグで優勝することを夢見てきた大地。ビッグクラブで活躍して、そこで夢をかなえてほしいと思います」

第3章 東山高校時代 121
「プレーが周りとまったく違いました。すごいな、こいつと思いました」／「プロになりたいです。ガンバからオファーをもらって、それを断りたいです」／選手権予選の決勝で負けたあとに寮に戻ると、すぐにバリカンを手にとり、自ら頭を丸める／目に見える結果を意識し、プリンスリーグ関西で得点王とアシスト王を獲得／「自分たちは京都橘というライバルがいたおかげで成長できました。すごく感謝しています」／誰からも愛される生徒に成長。「高校サッカーを通じて大人になったなという感覚があります」

第4章 サガン鳥栖〜フランクフルト時代 175
救いの手を差し伸べたサガン鳥栖。「自分が成長するには一番の場所だと思いました」／「癖があってもいいんです。癖というよりは持ち味だと思います」／「あのスルーパスを通したのを見て、これはモノがまったく違うと思いました」／確かな爪痕を残したが、リオデジャネイロ・オリンピックのメンバーには入れず／フランクフルトに完全移籍。「チャンピオンズリーグで優勝争いをすることが目標です」／「ベルギーリーグでやる選手ではない」。森保一が率いる日本代表に初招集される／最初は評価されなくても、いつか必ず信頼を得る／「サッカーに興味がない女性をも納得させるプレーをしなければいけない」／「難しい状況を跳ね返す強さや打開する賢さを持っている選手です」

エピソード2 谷口博之（サガン鳥栖時代のチームメイト） 236
「大地は、周りから反対されても、自分は絶対にプロサッカー選手になるという強い気持ちを持っていたんだと思います」

エピローグ 250

著者／森田将義
編集／関孝伸、多賀祐輔、高野直樹（ベースボール・マガジン社）
装丁・デザイン／松本幸治（イエロースパー）
帯写真／Getty Images
写真／Getty Images、J.LEAGUE、SAGAN DREAMS CO.,LTD.
FUKUCHI Kazuo/JMPA、鎌田幹雄、森田将義

第1章

キッズFC時代

愛媛のキッズFCで、本格的にサッカーを始めた。
そこで、このスポーツの面白さを知り、技術を磨いた。
その過程では、プレーを温かく見守ってくれた両親、
ボールを大切に扱うことの重要性を説き続けてくれた指導者、
そして、毎日のように競い合えたチームメイトの存在があった。

小学校に入学する頃、リフティングの回数は1000回を超えていた

「出身地って、どうやって決まるんですかね？　実は大地が生まれたのは愛媛県ではないんです」と父・幹雄が笑って言った。

通常、鎌田大地の出身地は初めて選手登録した愛媛県になっているが、生まれたのは大阪府である。大阪体育大学卒業後、就職した幹雄は、初任地の香川県高松市で、妻・貴子との生活を始めた。そして、貴子は、実家があった大阪府岸和田市で大地を出産。大地は、そこで生後1カ月まで暮らした。

生まれたときの体重は3350グラムだった。長男だったこともあり、家族みんながとても喜んだ。幹雄は、貴子の母と2人で祝い酒を飲んだのを覚えている。

名前はいくつか候補があった。最終的には「大地」と「唯人」で悩んだが、1988年に行われたソウル・オリンピックの100メートル背泳ぎで金メダルを獲得

し、引退後はスポーツ庁の初代長官を務めた鈴木大地さんのように、世界で活躍できる人間になってほしいとの願いを込め、大地と名づけた。外国人は濁音の方が発音しやすいと聞くし、なにより、生まれたときの見た感じがたくましそうだった。そんな理由もあり、語感がたくましく聞こえた大地に決めた。

幹雄も、サッカー経験者だった。鳥取東高校（鳥取県）でプレーし、全国高校サッカー選手権大会（以下、選手権）の予選決勝まで進んだ経験を持つ。サッカー漫画「キャプテン翼」の主人公である大空翼は、赤ちゃんの頃からサッカーボールで遊んだ。それを知っていた幹雄は、まだ小さい大地にサッカーボールをプレゼントした。

岸和田で誕生した大地は2歳まで高松で過ごしたあと、幹雄の転勤により、愛媛県松山市に移り住んだ。物心がつき始めた3歳から、スポーツを始めた。小さい時期は1人でやるスポーツとグループでやるスポーツの両方をやった方がいいという幹雄の考えにより、水泳、体操とサッカーを選んだ。グループでできるスポーツは、幹雄も熱中したサッカーの一択だった。

大阪体育大学で幹雄は、のちにジェフユナイテッド市原（千葉）やグルノーブル（フランス）でGMを務める祖母井秀隆の指導を受けた。ゼミでも祖母井に教わっていたため、サッカー観は祖母井の教えに基づく。今でも覚えているのは、「サッカーは偶然性がすごく高いスポーツだけど、偶然から生まれる偶然はダメ。必然から生まれる偶然でなければいけない」との言葉。たとえミスキックであっても、ゴールを狙っていたのであれば、得点になったらそれでOKだが、狙っていないのに生まれた得点は評価されないという意味である。

幹雄は振り返る。

「鳥取県でサッカーをやっていた僕は中国選抜に選ばれて、大阪体育大学に進んだのですが、強みがフィジカルしかありませんでした。周りを見ることができませんでしたし、技術もなかったので、活躍できませんでした。でも、見て判断したものをプレーに落とし込むのがすごく大切だということを祖母井さんから教わりました。

高校年代だと、『見る』と『判断する』がなくても、技術だけでやれることがいっぱいあります。例えば、サッカーの関係者の話を聞いていると、『あの子は逆をとるのがうまい』なんて言葉が出てきますが、見て判断できれば、逆をとらなくてもシンプルにプレーできる場面もあると僕は考えます。技術だけに頼って、見て判断できない選手は、カテゴリーが上がるとうまくいかなくなります。

大地には、僕とは違う選手になってほしかったので、見て判断してプレーに落とし込むことをちゃんと教えてくれるチームを探しました。それと、『止める、蹴る、運ぶ』もちゃんと教えてくれるチームがいいと思いました」

大地がサッカーを始めるにあたってのチーム選びは、そうした幹雄の学びが活かされた。いくつかの候補の中から幹雄の目にとまったのは、「クワトロ」というチームだった。

コーチを務めていた飯尾始（ＦＣゼブラ・ゼブラキッズ代表）は当時22歳で、サッカーの指導を始めたばかりだった。高校時代の教え子である向井洋輔（ＦＣゼブラ・ゼブラキッズコーチ）とともに、子どもたちにサッカーを教えていた。

鎌田家が住んでいた上野団地は、一戸建てが160戸ほど並ぶ住宅地だった。鎌田家の近くには、大地と同い年で愛媛FCU－18を経て関西大学でプレーしたMF山本亮太が住んでいた。大地と山本は幼稚園が一緒で、父親同士の年齢も近い。小さい頃は家族ぐるみで食事に行き、子ども同士がお互いの家を行き来するほどの仲だった。今でも交流は続き、大地が初めて日本代表に選ばれた際は、両方の家族で一緒に観戦した。

大地と山本は、クワトロの体験会に一緒に参加した。「ゴールを意識した練習も大事だけど、幼少期はボールに触る回数の方が大事。選手たちがなるべく多くボールに触るメニューを考えています」との飯尾の指導方針に共感した幹雄は、大地をクワトロに加入させることを決めた。

初めての練習試合は、0対10で大敗した。大地と山本はクワトロ以外のところにも体験会に参加していたのだが、そのチームが初試合の対戦相手だった。山本の両親に「本当にクワトロでいいの？」と尋ねられた幹雄は、「絶対に大丈夫だから、信じて」と言い切った。

その対戦相手は、ボールを持ったら前に蹴るだけだった。それに対し、クワトロの選手たちはボールをちゃんとキープしながら、周りを見ようとしていた。飯尾が「周りをしっかりと見て判断しよう」と指示した結果、団子状態で奪いに来た相手にボールを譲るような形から失点を重ねたに過ぎない。クワトロの練習において、幼稚園の子たちが足裏も使ってボールをキープする様子を見ていた幹雄には、このチームならうまくなれるとの確信があった。

「選手にはそれぞれに好きなプレーや得意なプレーがありますが、それは選手にとって楽しいプレーだと思います。僕は、苦手なことにもトライさせますが、まずはその子が好きなことを見つけてあげて、それを『どんどん伸ばしていこう』と声をかけます。

『好きこそ、ものの上手なれ』という言葉があるように、好きになれば、放ってお

いてもやります。ですから、指導者としては、サッカーを好きにさせることがまずは大事になります」（飯尾）

サッカーが好きになり、そして、成功体験を重ねることが、選手の成長に欠かせないと、飯尾は考える。

彼の指導するチームでは、小学4年生までの期間、頑張った成果が明確な数字として表れるリフティング練習に取り組む。リフティングによって、普段の日常生活ではあまり使わない足を器用に操れるようになれば、パス、ドリブル、シュートに活きるからだ。

クワトロでサッカー人生をスタートさせた大地は、まずは、どこが空いているかといったスペース感覚を養える鬼ごっこなどに取り組んだ。リフティングでは与えられた100回という目標を目指し、ボールを蹴り続けた。

山本が少し遅れてチームに入ってからは、ずっと山本とボールを蹴っていた。家の近くの公園でサッカーをやるのが楽しみだった。チーム練習の前後には、送り迎えをしていた貴子とともに、リフティングに励んだ。

「スポーツの遺伝子は、母親から受け継ぐみたいですね」（幹雄）

運動神経抜群の貴子は、学生時代はテニスに打ち込んだ。高校時代から始めたダンスは大人になっても続け、インストラクターとしても活動していた。ちなみに、大地の姪には、プロサーファーがいる。アメリカで活躍する西元エミリとジュリの姉妹である。2人の弟である西元ケニーも有望株で、2024年のパリ・オリンピックでの活躍が期待される。

当初は、貴子の方がリフティングがうまかったが、家で練習を繰り返した大地の技術はメキメキと上達していった。小学校に入学する頃、その回数は1000回を超えていた。例えば、「ヘディングだけで100回できるようになろう」と促されると、アッという間にクリアした。

「最初はほかの子と変わらない印象でしたが、幼稚園の年長あたりになると、ほかの子よりもボール扱いがうまくなっていました。特にリフティングに関しては、圧倒的にできました。大地くらいの幼児のうちにリフティングが１００回まで行く子は、なかなかいません。今までの教え子で大地以外に誰もいなかったかというと、ゼロではありませんが、１人か２人いるくらいです。

リフティングはやればやるほど、うまくなります。ボールに触った回数とかけた時間が大事。年長あたりになると、やり込めば１００回くらいはできるようになると思いますが、なかなかそこまで続きません」（飯尾）

ところが、大地が小学１年生のときにクワトロが解散することになり、大地や山本を含む１００人以上の選手たちがプレーする場を失ってしまう。飯尾が「しばらくは僕が面倒を見ます。その間にチームを探してください」と指導を続ける中、保護者の間で「そのまま、チームをつくってほしい」との声が高まった。そして、半年後に向井とキッズＦＣ（現・ゼブラキッズ）を発足させた。

大地のサッカー熱は、小学校に入ってから、さらに高まった。当時のキッズＦＣは、小学校低学年向けのスクールを松山市内の２会場で行っていたが、その２カ所は離れた場所にあった。多くの選手はどちらかで行われる週2、3回の練習にしか参加できなかったが、大地は貴子の支えにより、両会場のスクールを1人だけかけ持ちした。その結果、サッカーに明け暮れる毎日となった。家に帰ってからも、6畳の和室で5歳年下の大夢（現在はベガルタ仙台）とボールを蹴り続けた。

その頃の大地について、山本はこう振り返る。

「今も大地の試合をたまに見ますが、雰囲気とかはあまり変わっていません。昔から、ラストパスや状況判断の部分に長けていました。あの頃から、ドリブルが特徴的でした。そんなにスピードがあるわけではないと思いますが、瞬間で相手をはがすドリブルはすごくセンスを感じました。

小学校の頃の僕は成長が速くて、体が大きかったんです。スピードがありましたし、身体能力は大地よりも僕の方が上でした。僕はセンターバックをやることが多くて、前が大地、うしろが僕という感じで、試合に勝っていました」

負けず嫌いな性格は昔からである。

「芯が強くて負けず嫌いなところは、いい意味で変わっていません。ただし、小学生の頃はそれを表に出していませんでした。ちょっとシャイなところがあって、それを出すのを恥ずかしがるタイプでした。

同じ小学校だったので、休み時間にはグラウンドで一緒にサッカーをやっていました。基本的に僕と大地は別のチームに分かれるんですが、大地にふっ飛ばされた僕が、当たり方が悪くて、骨折してしまったことがあります。もちろん大地に悪気はなかったのですが、サッカーでは負けず嫌いでした。

一緒のクラスになったのは1年生のときだけでしたが、大地はガキ大将みたいな感じでした」

2学年上までなら、1人で5、6人かわしてシュートまで持ち込んでいた

低学年の指導を担当していた向井が、リフティングとともに大事にしていたのがドリブルである。左右両足のインサイドあるいはアウトサイドだけを使ったドリブルで、10枚ほど並べたマーカー間をすり抜ける練習をよくやった。ゼブラキッズに名前が変わった今も変わらない、定番のメニューである。

「『ぬるぬる』という表現が似合うドリブルを見ると、大地を思い出します」と話す向井は、「ヒザ下を柔らかくしよう」、「顔を上げよう」、「ボールに細かくタッチしよう」、「苦手な足を頑張ろう」などと、今もドリブルのポイントを子どもたちに伝え続ける。「リフティングもそうですが、ボールに数多く触れば触るほど、感触、タッチ、ボールの置きどころなどがうまくなります。ドリルトレーニングによる地道な作業になりますが、大地は楽しそうにやっていました」と懐かしむ。

四角形の対角からスタートして行う「1対1」は、相手をよく見て逆を突くことがポイントになる。スピードに乗った状態でかわすのは簡単なので、あえて、ゆっくりと柔らかくプレーさせる。パス練習では「人が多いところにパスを出して、人が少ないところに走ろう」と声をかけ、見る習慣や判断を養う。幼少期に受けた向井の指導は、ヨーロッパで活躍する大地の原点と言えるだろう。

「大地は自分で感覚を身につけていきました。サガン鳥栖時代に豊田陽平選手（現在はツエーゲン金沢）に出していたスルーパスや全体のプレースタイルは、小学生の頃とあまり変わりません。今、見ても、大地っぽいなと思います。『そこにパスを出すのか』と驚かせるプレーが大地っぽいところ。当時から糸を引くようなスルーパスを出していました」（飯尾）

ゴールデンリーグと呼ばれる小学4年生だけのリーグ戦では、キッズFCが試合序盤に大量得点するような試合があった。このままではお互いのチームのプラスにならないと判断した向井は「ツータッチでプレーしなさい」と指示を出し、プレーの難易度を上げたが、大地を軸にテンポよくボールを動かしたキッズFCは、最終的に15点まで積み上げた。チームが発足して20年が経ったが、そこまで圧倒的な試合をしたのは、大地の年代だけだった。

愛媛県の中央部に位置する中予地区のチームを中心に行われる松山東ライオンズカップ少年サッカーU－10大会で、PK戦までもつれたことがあった。その際、負けず嫌いの大地が、「PK戦で勝ちたいから、自分がキーパーをやりたい」と名乗りを上げた。PK戦の勝敗はGKに委ねると決めている向井が、本職以外の選手にGKを任せたのは、あとにも先にもこの一度だけ。熱量を買われた大地は見事に相手のキックを止め、チームを勝利に導いた。

大地に関することで向井の記憶に強く残っているのは、1人だけ自主的にサッカーノートを書いて提出してきたことからもわかるサッカーに対する真摯な姿勢と、3年生のときの中予大会での出来事である。大地は幹雄と試合を見に来ていたのだが、上級生にケガ人が出て人数が足りなくなったため、急きょ出場。そして、そこでのプレーが評価され、上級生の試合にも出るようになった。
「小さいけど、トップをやっている大地を見て、飯尾先生が評価してくれたんです。当たり負けするものの、ボールをキープしながら、攻撃のポイントになる大地のプレーぶりを見て、『大地は賢いです。時間をつくれるところがうまいです。あんなこともできるようになったんですね』と言ってくれたのを覚えています」（幹雄）
週末になると、自分の学年である3年生のチームだけでなく、4年生のチーム、さらには6年生のチームと、3つのカテゴリーで試合に出場した。3年生チームではセンターバックとして、6年生チームでは10番のセンターフォワードとしてプレーした。当時は周囲に比べて体が小さかったが、2学年上までなら、1人で5、6人をかわしてシュートまで持ち込んでいた。
その頃、技術と判断に徹底してこだわるスタイルが評判を呼び、他チームからキッズFCに移ることを希望する選手が増えていた。しかし、移籍を認めると、選手の前所属チームとの関係がぎくしゃくするかもしれない。その懸念があることから、飯尾は受け入れを断っていた。

しかし、ある進言をきっかけに、飯尾は考えを改めた。幹雄が言ったのである。

「移籍を断るのは大人の都合です。誰のため、何のためにチームをやっているのですか？　選手や親は魅力があるチームに行きたいのですから、望む子を受け入れてあげるのが、その子のためになるのではないでしょうか？」

飯尾は移籍を希望する選手の所属チームに対し、円満に移れるように働きかけることにした。

「それまでは、ほかのチームの選手がうちに来ると、周りからよく思われないのではないかと、世間体や大人のしがらみを気にしていました。でも、子ども目線の考え方を持たなければいけないと思いました。大地だけでなく、弟の大夢も在籍していたので、鎌田家とはつき合いが長いのですが、うちは鎌田家によって、成長したチームです」（飯尾）

愛媛県内で目立つ選手になっていた大地は、小学5年生のときに、幼なじみの山本とともにナショナルトレセンU－12四国のメンバーに選ばれた。丸岡満（元セレッソ大阪、現在はＲＡＮＳヌサンタラＦＣ＝インドネシア）、表原玄太（元徳島ヴォルティス、現在は栃木シティＦＣ）といった、のちにＪリーガーになる1学年上の選手たちの中に食い込んでの選出だった。

5年生で選ばれた選手は全国的に見ても少なく、大地と山本以外では、北海道の草野侑己（現在は水戸ホーリーホック）の1人だけであり、異例の抜擢だったことがうかがえる。ところが、ある意味でステータスと言えるトレセンの活動に対し、大地も山本も飛びつくほどの思いはなかった。6年生の試合でなかなか勝てていないのが悔しかった2人は、トレセンの活動を辞退。日程が重なっていたチームの試合の方を優先した。

また、6年生のときは、ナショナルトレセンの選考会がＪＦＡアカデミー福島Ｕ－15（福島県）の最終選考と重なり、後者を優先した。指導者から「大地は、前の年もナショナルトレセンのメンバーに選ばれています。ＪＦＡアカデミー福島（Ｕ

－15）のテストを受けて、最終選考に残っているのですから、（ナショナルトレセンのメンバーに）選ぶべきです」との声が挙がったが、「選考会に参加していない選手を選ぶべきではないでしょう」という意見が多く、メンバーから漏れた。それ以降は、プロ入り1年目の2015年にU－22日本代表に入るまで、年代別代表とは縁がなかった。

目標はバロンドールを受賞すること。飼っていた犬をバロンと名づける

飯尾の教え子の中に、大地の4歳年上で、現在はFC今治でプレーする山田貴文がいる。山田は、幹雄とも面識がある。山田が中学から県外でプレーすることを希望した際に幹雄が間に入り、日章学園中学校（宮崎県）に進学する手助けをした。大阪体育大学時代から仲がよかった1学年後輩の三笘康之が、日章学園中学校の監

督（現在は奈良学園登美ヶ丘高校監督）だったからである。

同じく、大地の4歳年上には立花真美（愛媛ＦＣレディースなどでプレー）がいる。立花家とは、山本家と一緒にキッズＦＣの試合観戦に出かける仲だった。立花は、女子選手で1人だけナショナルトレセンU－12四国のメンバーに選ばれるほどの実力者。ＪＦＡアカデミー福島U－15のセレクションには受からなかったが、全国屈指の強豪として知られる神村学園中等部に進んだ。

身近にいた選手たちが愛媛県外に出る流れがあったため、大地の視線も、自然と県外に向いていた。小学校高学年になる頃には、県外のチームに入ることを意識するようになった。

大地の第1希望は、文武両道が求められるＪＦＡアカデミー福島U－15だった。そのため、勉強もできなければいけないと考え、塾に通った。書道、公文、個別指導にも励み、さらに忙しい毎日を送るようになった。

「大地の希望に対しては、『大地のことを第1に考えた上で、返事をしてあげよう』

という話を妻としていました。大地が中学校から親元を離れることについては、『自分たちがさびしいからダメ』とか『お金がないからダメ』とは言いませんでした。

ただし、いいことと悪いことの判断は、ちゃんとしなければいけません。FCバルセロナ（スペイン）のスクールが主催するキャンプに行きたいと言ったときは行かせましたが、携帯電話を持ちたいと言い出したときは、『今の大地には、まだ早いからダメ』と認めませんでした」（幹雄）

長期の休みに入ると、大地は県外で行われるクーバーコーチングのキャンプなどに1人で参加し、初対面の選手たちとサッカーを楽しんだ。

「知らない人たちの中に入っていく経験は、大地の成長のプラスになりました」（幹雄）

飯尾は、「『JFAアカデミー福島（U－15）に行きたい』と聞いても、それくらいの選手だと思っていたので驚きませんでした」と振り返る。飯尾も大地の決断に反対しなかったが、周囲の親からは、違った声が聞こえてきた。

「サッカーで県外に出て、将来的に食べていけると思っているの?」

「うまい人は全国にたくさんいるんだし、中学から出ていく必要はないんじゃないの?」

中には、「サッカーがちょっとうまいからって、調子に乗るんじゃない」との厳しい言葉があった。貴子の父さえも、「プロになる選手は、どこにいてもプロになれる。今から無理して親元を離れなくてもいいんじゃないか」と話していた。

多くの人が、大地がサッカー選手になるのは難しいと考えていたようである。だからこそ、県外に出ることを反対したのだが、幹雄の考えは違った。

「プロになるのはあくまでも目標です。目的は自立した大人になること。何事にもチャレンジするような人間になってほしいと思っていましたし、あのとき、県外に出ていればよかったと、あとで後悔してほしくありませんでした。親元を離れることの意味を本人がわかっていなかったとしても、チャレンジしたいのであれば、チャレンジさせてあげたいと思いました」

そういう考えのベースには、懇意にしていた会社の先輩の言葉がある。

「子どもの可能性は、いろいろな物事に触れることによって、無限に広がる」

幹雄が勤める会社は、大地が生まれる前年の1995年1月に発生した阪神・淡路大震災の際に、ボランティアに励んだ。会社の先輩の娘は当時、大学の医学部に通っていたが、ボランティアの手伝いをきっかけに退学。別の大学に入り直して弁護士になった。

「子どもには、無限の可能性があります。世界一のプロ選手になれるかもしれないし、逆に、ケガをしてうまくいかなくても、もしかしたら、トレーナーやドクターの世界に興味を持つかもしれません。あるいは、記者や外国での仕事に興味を持つかもしれません。

一生懸命やれば、幅が広がり、いろいろな可能性があるんじゃないかと思っていました。周りの人が言う『成功』はサッカーでの成功だったのでしょうが、サッカーを通じて、人として成長していく過程において、いろいろなものと触れ合えればいいなと思っていました。県外に行けば、うまくいかないことが増えるでしょうが、うまくいかないからこそ出会える接点だってあります。失敗をきっかけにして生まれる成功が、絶対にあります。

60歳になったときに、やらなかった後悔を感じさせるのが嫌でした。そんなに深くはわからなくても、子どもながらにやりたいと言うのであれば、やらせたかったんです」（幹雄）

結果的に、ＪＦＡアカデミー福島Ｕ－15のセレクションには、最終選考で不合格となった。涙を流す大地に対し、幹雄は、「評価は他人がするもので、気にしても仕方がない。誰が見てもスーパーな選手なら、必ず選ばれていたに違いない」と声をかけた。

十数年後、カタール・ワールドカップ・アジア最終予選の途中でメンバーから外れた際に、大地は、「自分は選ばれてもおかしくないチームでやっているので、それで選ばれなかったら、仕方がありません。評価は、人がするものです」と話した。

しかし、その後、UEFAヨーロッパリーグのタイトルを獲得し、カタール・ワールドカップでは主力としてプレーした。「万人から評価されるくらいの圧倒的なプレーをしなければいけない。誰が評価しても選ばれる選手が理想」という今の大地の考え方は、JFAアカデミー福島U-15のセレクションに受からなかったときに幹雄からかけられた言葉が影響しているのかもしれない。

6年生のときに、大地はキャプテンを務めた。飯尾が「誰がキャプテンをやるの？」と選手たちに尋ねるまでもなく、暗黙のうちに決まっていた。今でこそ人見知りの印象が強いが、大地の周りにはいつもチームメイトが自然と集まっていた。

「できていない選手に注意するタイプではありませんでした。練習で妥協しない姿を見せて、『俺についてこい』と背中で引っ張るタイプでした」(飯尾)

最上級生になってからの大地について、山本が振り返る。

「大地の性格は独特です。小学生の頃はシャイだったので、どちらかと言うと、背中で見せるタイプでした。ボールを何回取られようと、ドリブルするし、パスするし、ゴールを目指します。ただ、声を出していたイメージはあまりありません。当時の僕たちはライバルだったとよく言われますが、僕にはそんな感覚はありませんでした。ポジションが違うので、それぞれの役割が明確に違いました。前は大地に任せて、うしろは僕がちゃんと守ってつなぐという感覚でやっていました」

クールなタイプだった山本に対し、大地は、小学生では恥ずかしくて言えないような将来の目標をハッキリと明言していた。それはヨーロッパでプレーし、バロンドール（世界年間最優秀選手賞）を受賞すること。飼っていた犬をバロンと名づけたくらいである。

キャプテンとして、頼もしい姿を見せていた大地に対し、幹雄が雷を落としたことが1度だけある。松山市の大会で優勝したときのこと。雨中での試合だったため、優勝の喜びに沸きつつも、試合後に土のグラウンドの整備をしなければならなかった。ぶつくさと文句を言いながら、トンボをかけていた大地。それを貴子から聞いた幹雄は、みんなで祝勝会に行く直前だったにもかかわらず、「（グラウンド整備は）

キャプテンのお前が率先してやらなければいけないことだろう」と激怒した。

幹雄が感情を露わにしたのは、あとにも先にもこの1度だけだった。「きつくしかりすぎました。親として反省しています」と振り返ったが、人間性を大事にする幹雄らしいエピソードである。

県内で目を引くタレントがそろい、クラブ初となる県大会優勝を果たす

4年生のときのチームは、松山東ライオンズカップ少年サッカーU－10大会で準優勝したものの、県大会に出るのがやっとのレベルだった。しかし、高学年になって、指導のバトンが飯尾に渡されると、チームに変化が見られるようになった。

「ボールを大事にするとなると、どうやって相手を食いつかせるか、グループとしてどうやって点を取るかといったところの戦術理解が必要になります。それを小学

生の時点から求めます」という飯尾のやり方の成果が少しずつ表れてきたのである。

5年生のときは、1学年上の選手たちの中に入り、南海放送杯愛媛県U－12サッカー大会でチーム史上初の準優勝を経験した。大地の学年が上がるにつれ、チームとしての結果が出るようになったが、それでもタイトルには縁がなかった。

当時から続くキッズFCのチームコンセプトは、ボールを大事にすることである。8人制になった現在とは異なり、大地の頃は11人制。縦80メートル×横50メートルのスペースに22人もの選手が立つと、小学生とはいえ、ピッチが狭く感じる。相手がプレッシャーをかけてボールを奪いに来ると、ミスやエラーが起こり、相手のチャンスになりやすい。当時はボールを失わないようにするために、リスクを避け、ロングボールを後方から前線に入れるチームが多かった。しかし、キッズFCは違った。

「ボールを大事にする中で、自分の特長を出しながら、自由にプレーしてほしいと考えていました。それは今も変わりません。何が正しいかはわかりませんが、うしろからビルドアップした上で、相手を崩して得点を奪うサッカーが好きなので、そういうスタイルをずっと志向しています。

当時は『そのサッカーでは勝てない』と周りからよく言われました。『なぜ、そこでシュートを打たないのか?』、『もっと縦に速い方が、チャンスをつくれる』と言う指導者の方がいましたが、僕らは、攻撃がどんなに遅くなっても、手数をかけてドリブルやパスで崩すサッカーを続けました。そういうサッカーを志向する僕らが勝てなかったので、ボールを大事にするサッカーでは勝てないとの印象を結果的に広めてしまったような気がします」(飯尾)

山本は、そんな現状をこう振り返る。

「しょっちゅう泣いていた記憶があります。大地もよく泣いていました。小学生ながらに悔しさがありましたが、スタイルを変えたいとは思いませんでした。俺らはこれでやっていくんだと、意識が統一されていました。

あの頃に、サッカーの楽しさを知ることができました。飯尾先生は自由を重んじ、僕たちの発想を大事にしてくれました。パスサッカーの中で自分たちをどう表現していくか、その表現の仕方の部分に余白がありました。だから、どのチームよりも楽しんでいました。技術的な部分で言うと、その頃に培った『止める、蹴る』の基本はその後のサッカー人生において役立ちました」

大地の学年は、山本に加え、香川西高校（現・四国学院大学香川西高校）のエースとして選手権出場に貢献したFW藤岡航世、攻守の要として松山北高校を選手権に導いたMF藤岡将平など、県内で目を引くタレントがそろっていた。練習試合をするために、県外に積極的に出向いたが、関西屈指の強豪として知られるディアブロッサ高田FC（奈良県）などと対戦しても、試合内容で見劣りしなかった。

各地の予選を勝ち抜いたチームが集まる全国規模の大会、スポーツオーソリティカップでは、決勝まで勝ち進み、MF米田隼也（現在はV・ファーレン長崎）らを輩出した福岡県の中井サッカー少年団と対戦した。高い能力を誇る選手が多い相手だけに、苦戦が予想されたが、見事に勝利を収めた。

幹雄は「全国大会に出ていれば、いい結果を得られたと思います」と振り返るが、大舞台にはたどり着けなかった。南海放送杯愛媛県U－12サッカー大会では2大会連続の準優勝で、全日本少年サッカー大会（現・全日本U－12サッカー選手権大会）の県大会ではベスト8にとどまった。タイトルに手が届かない現状をなんとか打破してほしいと願った幹雄は、応援垂れ幕の下に清めの塩を盛った。

現在、全日本U－12サッカー選手権大会は12月に開催されるが、当時は8月だったため、6月に県予選が行われていた。準々決勝で対戦したのは、日本代表DF長友佑都（現在はFC東京）の出身チームとして知られる新居浜市の神拝FC。その一戦では、160センチを超える相手の大型選手が放ったキックオフシュートが決まってしまった。ほかの大会やトレーニングマッチでは負けなかったチームだが、このときは、ゴールをマークした選手をセンターバックに入れて逃げ切りを図る相手の策に苦しんだ。

キッズFCらしく、後方からパスをつないで攻めようとしたが、試合を思い通りに運ぶことはできなかった。ミスを突かれてカウンターを受ける展開が続き、そのまま敗れた。全日本少年サッカー大会への出場を熱望していた大地は、敗退が決まると同時に、グラウンドに泣き崩れた。ピッチから退いたあとも嗚咽がやまず、落ち着くまでに時間がかかった。

「この世の終わりじゃないかというほど、泣きじゃくっていました。声をかけられるような雰囲気ではありませんでした」と話す飯尾はこう続ける。

「試合で負けて泣く選手をたくさん見てきましたが、涙に見合うだけの努力を積んだと思える数少ない選手の1人が大地でした。負けて泣きじゃくる様子から、これまで努力してきた姿が浮かんで、胸にグッときました」

10月の南海放送杯愛媛県U－12サッカー大会では、決勝で帝人SSと対戦した。当時の帝人SSは県内の大会で連覇を続ける強豪で、どのチームも「打倒・帝人」を掲げていた。キッズFCも、チームの立ち上げ当初から、帝人に勝つことを1つの目標としていた。しかし、大地と同様に県内で知られる存在だった清川流石（愛媛FCなどでプレー）に得点を許し、0対1で敗れた。

年が明けた1月には、県内3大大会の1つであるテレビ愛媛杯争奪愛媛県少年サッカー選手権大会に臨んだ。その頃には大地が愛媛県を離れることが決まり、チームメイト全員がそれを知っていた。少しでも長く大地とサッカーをやりたいと奮闘したチームは、決勝まで勝ち上がった。そして、最後は大洲市の新谷サッカースポーツ少年団に勝ち、クラブ初となる県大会優勝を果たした。

選手に胴上げされ、飯尾が宙を舞った。大地にとっても念願の県大会優勝であり、仲間たちと大いに喜んだ。

大会後には大地の送別会が開かれた。記念品を贈られた大地は、チームメイトへの感謝の言葉として、「プロになって、日本代表に必ずなります」と力強く宣言した。「頑張れよ」、「全国大会でまた会おうね」などと仲間がエールを書いた寄せ書きに、大地は、「チャンピオンズリーグに出る」、「ワールドカップに出る選手になる」と記した。

飯尾としても、取り組んできたスタイルで結果が出たのは大きかった。

「キーパーからボールを大事にしていくと、途中でエラーが起きることが多くて、それが失点につながっていました。でも、それは小学生ですし、チャレンジ&エラーなので、仕方がないと思います。

ボールを奪われるのは技術の問題です。大地の代はいい選手がそろっていましたが、それでもなかなか勝てなかったのは、やはり技術が足りなかったから。でも、全少（全日本少年サッカー大会）の予選で負けてからも、自分たちのスタイルを地道に継続した結果、最後によくなりました。

違うサッカーで試合に臨んでいたら、もっと勝てたかもしれません。でも、それだと、選手はうまくなりません。大人が勝たせるのではなく、選手の力で勝ってほしいと考えていました。結果的に、大地たちがやっていたサッカーがキッズFCのスタイルなんだと、下の学年の子たちが理解してくれました。大地の代は、クラブ全体にいい影響をおよぼしてくれました」（飯尾）

弟の大夢、ＭＦ東俊希（現在はサンフレッチェ広島）と、プロ選手が続いて誕生したのは、大地の代が築いたチームの礎があったからだろう。

山本には、結果を残せなかった悔しさ以上に、楽しかった思い出が心に残っている。

「全少は、あっけなく終わった記憶があります。やれるなという自信がありましたし、自分たちの代がようやくきて、全国大会に出てやるという気持ちでいたのですが、結果を残せませんでした。でも、今振り返ると、毎日楽しかった記憶しかありません。遠征も合宿も全部が楽しかったです。

高校のときなどと比べると、１つの大会に対しての山みたいなものがありませんでした。みんなでボールを蹴っているのが単純に楽しかったんです。愛媛県内では、自分たちがボールを持って、主導権を握って、テレビで見ているＦＣバルセロナのような試合ができていました。点を取れていたので、楽しかったです」

大地の原点と言える幼少期を見てきた飯尾は、大地の特長をこう語る。

「自分の目標や夢に向かって、本気で努力できるところが特長です。これまで指導してきた選手を振り返ると、本気で目標に向かえる選手がプロになっています。プロになりたいという思いを行動で表していました。練習から手を抜かなかったですし、足りないところがあれば、どうすればいいかを自分自身で考えました。努力できる選手がよくなっていくんだと思います。

大地の技術や感覚は、トレーニングで培ったものです。いわゆるセンスや天才という言葉がありますが、すべてには理由があります。センスが身についたのは、練習の繰り返しがあったから。大地のセンスは身につけたものだと思います。例えば、『1対1』の練習では、1度終えたら、すぐに次に並んで、1回でも多くやろうとしていました。『1回でも多くやりたい』と言って走る姿を覚えています」

大地の小学校では、マラソン大会が毎年行われていた。大地は、身体能力が高い山本にずっと負けていた。多くの生徒はマラソン大会に向けた練習で手を抜くが、大地は「努力している姿を神様は見ているから」と言い、手を抜かなかった。その結果、6年生のときの大会では、大地が、ついに山本に勝った。「僕が知らないところですごく練習していたんだと思います」と、山本は大地の努力を認める。

その山本は、大地の内面をこう分析する。

「いろいろなことに欲があるタイプではないと思います。コミュニティーは、狭いけど深いといった感じ。誰に対してもいい顔をするタイプではありません。ポイントが絞られていて、自分が注力するのはここと決めていて、自分はこの人を大切にしようとか、そういうのが決まっています。

幼なじみをすごく大事にしますし、高校の友だちもずっと大切にしていると思います。無意識なんでしょうけど、近くにいる人を大切にする人間で、そのあたりは、すごくハッキリとしています。頭の中で絞られているから、そういう行動ができるんじゃないかと思います」

成人式の際に愛媛県に帰ってきた大地は、山本を含む小学校時代の友人数名と鍋を囲んだ。「思春期に入ってからは、適度な距離感を保っています。プライベートで一緒に遊ぶとかはありません」と山本。とはいえ、代表入りを祝うメッセージを送るなど、大地との交流は今も続いている。大地にとって、山本が気兼ねなく話せる親友の1人であることは間違いないだろう。

「上には上がいると思わされます。まったく満足させてもらえません」

中学に入ると、大地はガンバ大阪のアカデミー、山本は愛媛FCのアカデミーと、別々の道に進んだが、プレーを再びともにする機会がすぐに訪れた。中学1年生の8月に行われたU-13Jリーグ選抜の韓国遠征メンバーに、そろって選ばれたのである。

「部屋が一緒だったので驚きました。『新しい環境の中でいろいろと模索している』と大地が話していたのを覚えています」（山本）

ケガが増えて出場機会を思い通りにつかめなかった大地に対し、山本は愛媛FCに加入した当初から、3年生の試合に出場し、全国大会を経験した。だから、山本のキャリアは順調そうに見えたが、実は葛藤していた。

「プレースピードや基本技術の差を全国大会で感じました。全国には、僕らが考える1つ上のレベルで常に平均値以上を出せる選手が多かったです。フィジカル面も違いました。

でも、そういう経験をしたというのに、地元に帰って日常に戻ると、違いを感じた感覚がどんどん薄れてしまいました。ですから、地方の青森山田高校（青森県）が強いのは、本当にすごいことだと思います」

今はSNSが発達し、多くの情報に触れられる。そのため、中学校や高校に上がるタイミングで県外に出る四国の選手は多い。しかし、大地の頃はそういう例は数えるほどしかなかった。

「地元にJクラブがあったので、自分としては、愛媛FCでやるのが当たり前だと思っていました」

こう話す山本に限らず、愛媛県のトップクラスの小学生たちは、ライバルだった清川を含む多くが愛媛FCジュニアユースへと進み、そのままユースに昇格した。ユースに上がった山本は、のちにJリーガーになる2歳年上のMF曽根田穣（現在は愛媛FC）と一緒に高円宮杯U－18サッカープレミアリーグのピッチに立つなど、1年時から出番を得た。しかし、地元でのプレーに喜びを感じる一方で、地元を出た大地にリスペクトの思いを抱いていた。

「人って結構変わっちゃうと思いますが、大地は昔から変わりません。それが大地のすごいところ。大変なことがいろいろとあったと思いますが、変わらずにずっとやり続けて、それで今があるんだと思います。

僕の場合、逃げ道が多くて、自分に負けたことが多かったので、大地のすごさを余計に感じます。（生活拠点が）実家だった僕には、何もしなくてもご飯が出てくるし、知っている友だちが周りにいます。のほほんと生きてきた感じですけど、大きな目標がある大地は、そこに向かって（知らない土地で）頑張っていました。県外に出ていくのは勇気がすごくいることで、そこがポイントだったと思います。うしろ盾がない状態だったからこそ、逆に頑張って、あそこまでなれたんじゃないかなと思います」

山本は、高校卒業後、関西大学に進んだ。キッズＦＣと愛媛ＦＣで磨いた技術と判断に自信を持っていたが、走れる選手や戦える選手が重宝された関西大学では、出場機会に恵まれなかった。２番手や３番手のチームで甘んじ、４回生のときは関西社会人リーグで活動するチームでプレーすることになった。

同期には日本代表まで上り詰めたＤＦ荒木隼人（現在はサンフレッチェ広島）やＤＦ河野貴志（現在はブラウブリッツ秋田）がいて、１学年上にはＧＫ前川黛也（現在はヴィッセル神戸）がいた。Ｊリーガーになる選手を身近で見てきた。

「プロに進む選手は、自分自身の強みと弱みを理解していました。そこをちゃんと見極めた上で、リスクを冒してトライしていました。隼人も大地も、分析する力や修正する力にかなり長けていると思います。隼人は地頭がいいんです。自分を客観的に見た上で、何が足りないかを理解して、トライしていました。プロに行く選手は、そういうところがまったく違うと思います。薫也さんはユニバーシアード日本代表に選ばれていました。大地と同様に、体格に恵まれていましたが、それでも食生活のことまで徹底してやっていたのが印象的です。

1人暮らしで食事にまでこだわれるのは努力だと思います。僕もやっていた時期がありますが、なかなか継続できませんでした。プロになった選手は、何かしらにトライしていました。すごいなと思います」（山本）

大学卒業後もサッカーを続けるのは無理だと、2回生になるタイミングで判断した山本は、それまでとは違う形でサッカーに携わりたいと考えた。そして、就職活動に励んだ結果、今は広告代理店に勤務する。忙しい合間を縫って美術大学に通うなど、自らのスキルアップのためにトライを続けている。

「カタール・ワールドカップは、単純にファンとして見ました。親善試合とは違って、感慨深かったです。『大地がワールドカップに出たか』という感じでした。なぜか、僕がフワフワしていました。小学校の友だちがA代表にまでなると、喜びとともに尊敬の気持ちを抱きます。サッカーをやっている子どもたちに大きな影響を与えているので、改めてすごいなと思います。

いつか何かしら、大地と大きいことをやりたいと考えています。大地とだからできる仕事をつくりたいです。そのためには、自分が100ランクくらい成長しなければいけない、できることを増やさなければいけないと思います」(山本)

舞台は違っても、大地の存在は山本に刺激を与える。

「大地が頑張ってくれているのはありがたいです。僕がいくらいい仕事をしたとしても、ワールドカップで先発出場したとか、フランクフルトで連続得点したとかいうのを見ちゃうと、上には上がいると思わされます。あいつには、まったく満足させてもらえません」(山本)

月日が経っても刺激し合える関係であるのは素晴らしい。大地に負けていられないと思う気持ちがある限り、山本の成長は続く。「山本亮太」の名を多くの人が目にする機会が、きっとやってくるだろう。

キッズFCで大地のサッカー人生がスタート。楽しさを覚え、技術を磨いた ©鎌田幹雄

鎌田幹雄

（父）

かまだ・みきお◎1969年4月23日生まれ、鳥取県出身。現役時代は鳥取東高校でボランチとして活躍。鳥取県国体少年男子ではキャプテンを務め、１歳年下の塚野真樹（現在はガイナーレ鳥取代表取締役）とともにプレーした。大阪体育大学でもサッカーを続け、祖母井秀隆（ジェフユナイテッド市原〈千葉〉のGMなどを歴任）の指導を受けた

飯尾始

（キッズFC＜現ゼブラキッズ＞監督）

いいお・はじめ◎1976年8月2日生まれ、愛媛県出身。丹原高校在学中に初めて専門的な指導を受け、サッカーの楽しさを知る。高校3年時の春からコーチとしてのキャリアをスタートさせ、エルピススポーツアカデミー、クワトロプロジェクトで指導。2002年にキッズ FC（現ゼブラキッズ）を設立した。B級ライセンスを保持。愛媛県第４種委員長を務める

第1章の主な登場者プロフィール

向井洋輔
（キッズFC＜現ゼブラキッズ＞コーチ）

むかい・ようすけ◎1979年2月3日生まれ、愛媛県出身。中学時代は野球部に、高校時代はラグビー部に所属。Jリーグの誕生によって自身の中でサッカー熱が高まり、高校2年生のときに、飯尾始がコーチを務めるエルピススポーツアカデミーで本格的に始める。高校卒業後、指導者となり、現在も飯尾とともにゼブラキッズで指導にあたる

山本亮太
（キッズFC時代のチームメイト）

やまもと・りょうた◎1996年5月26日生まれ、愛媛県出身。大地とともにキッズFCでサッカーを始める。中学、高校と愛媛FCのアカデミーでプレーし、全国大会に出場した。高校卒業後は関西大学へ進学し、荒木隼人（現在はサンフレッチェ広島）、河野貴志（現在はブラウブリッツ秋田）らとプレー。現在は広告代理店に勤務する

第2章

ガンバ大阪ジュニアユース時代

紆余曲折があった中、中学時代に袖を通したのはガンバ大阪のユニフォームだった。
それまで育った愛媛を離れ、大阪での新生活をスタートさせたが、
サッカーの神様は、大地に試練を与えた。
意気揚々とたたいたJクラブアカデミーの門。
ところが、納得のプレーを披露できず、歯がゆさを覚えた3年間となった。

「見てすぐに合格という感じでした。
姿勢や見るところがほかの選手とは違いました」

小学校を卒業するタイミングで愛媛県外に出ることを考えていたのは大地だけではない。父・幹雄も、それを考えていた。

「意識を高く保っていれば、県内でも成長できると言う人がいます。でも、僕は高いレベルのところに行った方がいいと思っていました。日頃から意識しなくても高いレベルを経験していれば、ほかの部分に気を使えると思っていました。

世界と戦う意識を持っていれば、Ｊリーグにいても大丈夫という人もいれば、世界で戦える環境が自然とあるヨーロッパに行って、もっと違うことを意識した方がいいと言う人もいます。僕は、人間には意識の限界があるので、四国から出た方がいいと思っていました」

第1希望はＪＦＡアカデミー福島Ｕ-15（福島県）だったが、幹雄はそのセレクションの前に高いレベルを大地に経験させたいと考えた。そんなときに、幹雄は1人の男と出会った。宇和島南高校（愛媛県）出身でジェフユナイテッド千葉U－15の監督などを務めた大阪体育大学時代の後輩、吉岡英樹が、愛媛県出身の二宮博（現在はバリュエンスホールディングス社長室シニアアスペシャリスト）を紹介してくれたのだ。

愛媛県の公立中学校での指導が評価され、1994年にガンバ大阪のスカウトに転身した二宮は、元日本代表のFW播戸竜二らを獲得した名スカウトである。40代になってからは、ガンバのアカデミー本部長として、寮の建設や通信制高校との提携など、アカデミー所属の選手たちが一流へと成長するための環境整備に尽力した。

大地は夏休みを利用し、ガンバ大阪アカデミーの練習に参加した。移動の疲れや初めてのグラウンドで力を発揮できない可能性があるため、2日間の予定を組んでいたが、大地がいい選手だとわかってもらえるまでに、それほどの時間はかからなかった。

1学年上の選手を相手にしても、「止める、蹴る、運ぶ」といったすべてのプレーにおいて、ワンランク上の余裕が感じられた。また、大地独特の切り返しは深く、対面した選手がボールを奪おうとしてもできなかった。

「いい選手であることが30分ほどでわかりました。まだ12歳なので、どこまでの選手になるかについてはわかりませんでしたが、少なくともプロになれる可能性は感じました。大地のプレーに対して、ワクワクするような感覚があったことを覚えています。教員時代に四国の中学選抜を見ていましたが、四国にこんな選手がいたのかとびっくりしました」(二宮)

体がまだできていない段階だったため、力任せのプレーではなかった。それも好印象を与えた。

ガンバ向きの選手で、ガンバのサッカーに間違いなく合うから、ぜひ、来てほしいと二宮は思った。それと同時に、覚悟して愛媛県から出ようとしているのだから、責任を持って見なければいけないと考えた。即決せず、2日目のプレーも見た上で、ガンバとしての答えを出すことにしたが、翌日のプレーで評価が落ちることはなかった。

二宮以上に大地のことを気に入ったのが、練習を担当していた梅津博徳（現在は横浜F・マリノスジュニアユース監督）である。自身もガンバ大阪ジュニアユース出身で、同い年の稲本潤一（現在は南葛SC）、新井場徹（鹿島アントラーズなどでプレー）、橋本英郎（ガンバなどでプレー）といった日本代表経験者とともにプレーした。Jリーガーにはなれなかったが、近畿大学卒業後にガンバジュニアのコーチになり、2006年にジュニアユースのコーチに就任。大地の練習参加当時は、主に中学1年生の指導を担当していた。

梅津は、「見てすぐに合格という感じでした。姿勢や見るところがほかの選手とは違いました。姿勢のよさが見ることにつながりますし、ゴールに最短で行けます」と、大地の第一印象について話す。

「選手は、自分に影響をおよぼす人や、見て学ぶものによって育ち方が変わってきます。プレー中の姿勢などは、指導者が教えるものではなく、その選手がなりたいプレーヤーによって変わると考えられます。

テクニックがあるからいい姿勢になるのか、テクニックを身につけたいからいい姿勢になるのか、それはわかりません。でも、選手というものは、うまい人はどうやっているんだろうかとか、何かに疑問を持ちながら、どうなりたいと思うかによって育つものです。

セレクションでは、プレーを見ると同時に、どういう考えを持っているかを観察しています。それと、意図があるファーストタッチをしているかどうかを重要視しています」（梅津）

小学校の卒業式に出席したその足で、ガンバの遠征に参加するために大分県に向かう

当時のガンバはアカデミーのスカウト担当が二宮しかいなかったため、梅津も、時間を見つけては選手の獲得に動いていた。ユースの監督を務めた際に関わった堂安律（現在はフライブルク＝ドイツ）も、梅津が獲得に動いた選手。親交があるサッカー関係者から「西宮ＳＳに面白い選手がいる」と教わって視察に行き、一目で気に入った。

堂安も、大地と同じように、ＪＦＡアカデミー福島Ｕ－15に進むか、あるいは名古屋グランパスＵ－15に進むかで悩んでいた。そんな折に、「1度、うちに来てみないか？」と梅津が声をかけ、ガンバの練習に参加。それが、ガンバ加入へと心が傾くきっかけになった。大人への入口に立つ選手に対して目利きができる梅津のような存在は、クラブにとって不可欠である。

ＪＦＡアカデミー福島U－15が第1希望だった大地に対し、梅津は「枠を１つ空けておきます。ＪＦＡアカデミー福島のセレクションに落ちることはないと思いますが、もしものときはうちに来てください」と伝えた。

ところが、大地がＪＦＡアカデミー福島に加入することはなかった。最終選考におけるクーパー走の数値が、ほかの選手よりも低かったためである。愛媛ＦＣへの加入も選択肢の１つになったが、より高いレベルを求め、ガンバ入りを決めた。

中学時代に苦労を重ねることになるが、小学生の大地が下した決断は結果的に間違いではなかった。

「みんながみんな、自分の思い通りにうまくいけばいいのですが、うまくいかないことが絶対に出てきます。結果として、大地はＪＦＡアカデミー福島のセレクションに落ちてよかったと思います。受かっていたら、違う人生になったかもしれません」（梅津）

大地は、小学校の卒業式に出席したその足で、大阪の南港からフェリーで大分県に向かった。ガンバの遠征に参加するためである。当時のガンバには、小学生の頃から関西で名が知れた選手が数多く集まっていた。トレセン活動などでの顔なじみ同士が多く、みんなで楽しそうにしていた。福岡県からやってきたMF井手口陽介(現在はアビスパ福岡)と大地の2人は、その輪の中に入れずにいた。

大地がチームになじめるかどうか不安だった幹雄のところに、「最終日に大地を含めて何人か体調を崩しましたが、今は大丈夫です」と梅津からの報告があった。加えて、「大地と陽介のプレーは別格でした。プレミアカップに連れていこうかと悩んでいます」と教えてくれた。

本格的なチーム立ち上げの前ということもあり、大分遠征の試合は、リフティングでスタメンを決めた。インステップ、インサイド、アウトサイド、太もも、ヘディングの各箇所で30回ずつできた選手から、ポジションが決定されたが、大地は誰よりも早くメニューをクリアした。一方で、井手口は目標値になかなか到達できなかった。それでも、試合になると、「止める、蹴る」などの基本技術が高く、違いを感じさせるプレーを披露した。

「陽介を見たときに、リフティングとサッカーは別物だと思いました」

大地らの学年でガンバジュニアユースのキャプテンを務めた江郷下奨は、そう言って笑う。江郷下は、大地と同様、ガンバユースへの昇格を果たせなかった1人。東海大学付属仰星高校（大阪府、現・東海大学付属大阪仰星高校）から大阪体育大学を経て、FC大阪に加入した。JFLでもプレーした選手である。

プレミアカップはU－14年代の大会で、全国9地域の予選を勝ち抜いた12チームによって争われる。優勝すると、中学年代唯一の世界大会であるマンチェスター・ユナイテッド・プレミアカップ・ワールドファイナルズへの出場権が与えられる。

梅津が指導した5年の間に、ガンバジュニアユースはプレミアカップで2度戴冠した。1回目は2007年で、GK田尻健（現在はいわてグルージャ盛岡）、DF西野貴治（カマタマーレ讃岐などでプレー）らを擁した1993年生まれの代である。2回目は2009年。1995年生まれの代で、大地の1学年上にあたる。F

W小川直毅（ガンバ大阪などでプレー）やDF内田裕斗（現在はベガルタ仙台）など、身体的特長を持つ選手が多かった。2回目のときは「優勝するつもりで1年間やっていたチーム」（梅津）だったが、その言葉通りに日本一になった。

また、全国優勝した2チームの間に挟まれた1994年生まれの代は、MF徳永裕大（現在は藤枝MYFC）、FW出岡大輝（現在はFC徳島）など、技術を持つ選手が多かった。

「優勝した年よりもいいチームだと思っていました」（梅津）

しかし、DF岩波拓也（現在は浦和レッズ）、MF小林成豪（現在はレノファ山口FC）らを擁したヴィッセル神戸U－15が強く、優勝には届かなかった。

大地らの代は、その3世代と比べても技術的に遜色ない選手がそろっていた。

「うまい選手が集まった学年だったので、ワクワクしていました。中でも、大地と陽介はトップクラスの実力でした」（梅津）

プレミアカップは、新年度が始まったばかりのゴールデンウイークに行われる。

入ったばかりの中学1年生が1学年上の選手たちの中に加わるのは簡単ではない。

梅津としては、大地と井手口の新1年生2人を登録したかったが、既存のチームに複数の選手を組み込むのは難しく、最終的には井手口のみの参加になった。それでも、その下の1年生チームでは、大地も特別な存在。梅津は、チームの顔となる10番を井手口に、7番を大地に託した。

江郷下は振り返る。

「大地はおとなしかったです。今もそのままですね。でも、憎たらしいというか、ふてぶてしい感じが中学生の頃からありました。（プレーに関して）1年目の夏までに思ったのは、人をあざむく、相手の裏をとるのがうまいということです。遊び心と言いますか、僕にないものを持っていると感じました。

あのチームは、遊び心がある選手が多くて、大地としては、サッカー観が合っていたと思います。すごく楽しそうにボールを蹴っていた印象があります。人をあざむくプレーはもともとうまかったのでしょうが、ガンバで周りに影響されたことで、さらに磨きがかかった気がします」

正解とされるようなプレーとは違うものを好み、「おもろいプレー」を求める

練習環境が大地の成長をあと押ししたのは間違いない。当時、ガンバのアカデミーはジュニアユースとユースが同じグラウンドで練習していた。ジュニアユースの選手にとっては、格好のお手本であるユースの選手のプレーを間近で見ることができた。

ガンバユースは、MF家長昭博（現在は川崎フロンターレ）やFW宇佐美貴史（現在はガンバ大阪）といった天才的な選手を生み出してきた。

「ユースにはこんな選手がいるんだというのがわかる環境はよかったと思います。そういう経験は、当時はわからなくても、のちのサッカー人生に活きると思います。

大地のワンタッチプレーを見ていると、ガンバのプレースタイルだなと感じます」と、二宮は話す。

当時の梅津はまだ20代後半で体が動いたので、ガンバ仕込みのプレーをたびたび披露。これも、選手たちのいい見本になっていた。

ただし、グラウンドの半面をジュニアユースのAとB、さらには1年生の3チームで分け合っていたため、できるメニューは限られた。

「テクニックと判断の部分をひたすら練習していました」。そう振り返る梅津が中学1年生の練習で大事にしたのは、ゴールに向かう姿勢だった。バックパスを禁止し、とにかく前に行かせた。ボールを持った選手に対して、周りの選手が適切なアングルをつくることにより、パスをテンポよくつないで前進していくプレーを促した。

「僕自身が幅と深みの意味をまだよくわかっていませんでした」と、梅津は笑う。攻撃のファーストチョイスは中央突破。練習や試合で「楽な方を選ぶな」との声をよくかけ、同サイドを行き切る姿勢を育んだ。相手に警戒されたら、サイドを変えるフリをしつつ、同サイドからもう一度仕掛けさせた。

トレーニングメニューの設定にもこだわった。「ペナルティーエリア内でパスを10本以上つながなければ、シュートを打てない」、「シュートはダイレクトのみ」といった高い難易度の下でゲームなどを行った。レベル差があるチームとの練習試合でも、「2タッチ以下」などの制限を設けることがあった。

逆に、比較的レベルが高い相手との対戦では、ボールをすぐに離した方がいいような状況でも、「仕掛けろ」と指示することがあった。すぐに仕掛けられるようなボールの受け方や体の向きを身につけること、ゴールに向かう意識を高めることが狙いだった。

「難しい設定でもできてしまうのがガンバジュニアユースのすごいところです。普通のチームでは無理。高校で別のチームに行ったら、ガンバジュニアユースができていたことができませんでした。あのメンバーだから、練習が成り立っていたんでしょう。ガンバアカデミーの選手同士だからこそ合うという感覚があるんです。ガンバジュニアユースを卒業したあとは、チームメイトとボール回しをしていても面白くなかったです。ボールの持ち方もトラップの位置も違いました。ガンバの選手たちは、ただ単に止めるのではなくて、『どこにでも出せますよ』みたいな持ち方をするんです。

ガンバ時代は、ボールを取られないように、みんなでボールを回しながら、ボールを受ける次の選手のやりやすさまで考えていました。周りを常に見ていました。（スタッフからは）体の向きをよく注意されていましたが、周りのうまい人のプレーを見ているうちに、うまくなっていきました」（江郷下）

代表的な練習メニューは、「4対2」のボール回しだった。「サッカーの仕組みを『4対2』で教えていました。『4対2』にはサポートなんていらないだろうというのが僕の考え方。『4対2』の状況でボールを持てれば、必然的に相手をコントロールできます」と考える梅津は、ボールを持つ際の意識を重視した。

サポートする際の立ち位置を教える指導者は多いが、梅津は違う。ボール回しを繰り返す中から、どこにボールを止めればいいのか、縦パスを入れるためにはどの位置に立てばいいのかを身につけてほしかった。ボールを受けた次のプレーから攻撃的にいけるポジションをとってほしかった。その意識を持った上で、いいポジションをとって、いい攻撃につながるプレーができるようになるために、あえてプレッシャーを受けるようなポジションをとらせることもあった。

受け手との距離にしても、離れるように指示する指導者が多いが、一概にそれが正しいとは言えない。ボールを持った選手に縦パスを入れさせるには、周りは離れて間のスペースを広げるのがセオリーとされる。ただし、自分が次の受け手になり、そこから縦パスを入れた方がいいと考えたなら、ボールを受けるために近寄るべきである。

「受け手と出し手のどちらが主人公になるかによって、考え方が変わってきます。『基本』は離れると言う人がいますが、それって本当に基本なのかと思ってしまいます。ボール回しでミスが出た際にサポートが悪いという人がいますが、出し手の問題じゃないのかと感じてしまいます。サポートがよくないなら、出さなければいいんです」

そう話す梅津は、駆け引きについても持論を持つ。

「『体の向きをわざと悪くしろ』ということも言っていました。体の向きが悪いのを見た相手が、チャンスと思って奪いに来たときが、こっちのチャンスと教えていました。奪いに来ない相手をかわす方が難しいものです」

ただし、そういう駆け引きの部分を超越するプレーができる選手が、少ないながらもいた。宇佐美がその1人で、サッカーを知り尽くし、常にいい状態からいいプレーができていた。

梅津のコーチングは独特で、「今のプレーはおもんない！（面白くない）」とのコーチングが頻繁に飛んだ。その指導は、現役時代に師事した上野山信行（現在はアサンプション国際高校監督）の影響が大きい。「セルジオ越後さんが大好きで、遊び心があると言いますか、相手を魅了するサッカーをやりたかったんです」と考える梅津には、上野山の指導法が合っていた。

関東では、プレッシャーを受けずにパスをつなぐようなきれいなサッカーがいいとされるが、関西では違う。ボールを持って相手を背負ったときが見せ場で、観客を沸かせるプレーをしなければいけないとの考えが根強い。

「上野山さんが一番伝えたかったのはそこだと思います。自分も、そういう指導をするのが使命だと思っていました」(梅津)

ただし、身長が高い上野山とは違い、小柄な梅津が同じようなコーチングをしても、周囲への伝わり方は違ってくる。

「黙っていても相手を威嚇できるのが一番いいんですが、上野山さんと僕では違います。どうやって威嚇するかと言えば、しゃべっています」

そう話す梅津は、見る人の意表を突くプレーや遊び心があるプレーをした選手に対し、「今のプレーはおもろい」と声をかけた。ゴールを奪えても、予想の範囲内だと、「おもんない」との声が飛んだ。

「『これができれば、次が楽になるんじゃない？』というやり方で教えています。プレッシャーをプレッシャーと感じずにボールを持てるのがいい選手。それがない選手については、あれでうまくなれるのかなと、いつも考えていました。『こんなことができた方がいいんじゃない？』、『こんなことしろよ』と、ずっと言っていた気がします」（梅津）

ガンバ時代の梅津は、周囲の大人から「声かけがわかりにくい」と言われていたが、「それでええねん」と返していた。

「サッカーに答えなんてないのに、その答えを教えようとするかよと思っていました」

最近の育成年代においては、「きょうは○○を学びます」と最初に告げるチームが多い。つまり、目的を教えているわけである。やり方を学んで、いいプレーが早くできるようになれば、次につながるという考え方かもしれない。しかし、梅津は、時間がかかっても選手自身が感じ取って、自らの力にする方がいいと考える。

選手たちに「おもろいプレー」を求めた。ゴール前であっても、簡単にはシュートを選択しなくていい、相手を翻弄するようなパス回しを選んでもいいと考えた。そんな遊び心を持ったプレーを育もうとした。

いわゆる正解とされるようなプレーとは違うものを好むタイプの指導者である。梅津はサッカーを教えていないと批判する人も少なくなかったが、梅津流の指導によって育った選手が多いのも事実。江郷下は、「2個、3個、4個先をイメージしたプレーを梅さんから教わりました。サッカーの感覚が身についたのは、梅さんの影響が大きいと思います」と言い切る。

小柄で体力もなく、ベンチを温める試合が多くなった。ケガがちで、定位置をつかめなかった

高い技術を持つ選手がそろった大地の代は、関西の有力チームによる1年生リーグ「ヤマトタケル」でセレッソ大阪U－15や千里丘FC（大阪府）に大差で勝った。勝てなかったのは、MF奥川雅也（現在はビーレフェルト＝ドイツ）、FW岩元颯オリビエ（ジュビロ磐田などでプレー）といった好選手が居並ぶ京都サンガU－15くらいだった。

ただし、静岡遠征で対戦した清水エスパルスジュニアユースにまさかの大敗を喫したことがあった。「まあまあ、やれるかなと思っていました」（梅津）との思惑とは裏腹に、FW北川航也、MF宮本航汰（ともに現在は清水エスパルス）、MF水谷拓磨（現在はブラウブリッツ秋田）らが在籍していた黄金世代のチームに、1－8で負けた。

梅津は、「おまえらの実力はこんなもんや」と厳しい言葉をかけた。「全国にはこんなやつらがいるんだ」と度肝を抜かれた江郷下。「鼻を折られた感じがしました」。

中学3年生になってからも、ガンバと清水の力関係は変わらなかった。8月に行われた日本クラブユースサッカー選手権（U－15）大会では、準決勝で京都U－15に5－3で勝ったあとの決勝で対戦し、2－5で敗れた。

北川が、12ゴールをマークして得点王とMVPに輝いた。大地にとって、北川のインパクトは強く、高校に入ってからもことあるごとに北川の名前を挙げ、ライバル視することになる。

大地は、1年生の夏までは主力として試合に出ていた。目立つ存在であり、8月には上野山が率いるU－13Jリーグ選抜のメンバーとして、韓国遠征に参加した。

しかし、以降は精彩を欠いた。

「ちょっと鼻が伸びていました」（江郷下）

体調不良の影響もあり、夏休み明けの練習で、よくないプレーが続いた。梅津は、

「Jリーグ選抜に選ばれたくらいで、そんなプレーをするのか」と雷を落とした。期待していたからこその愛ある表現だったが、順調に思えた大地のサッカー人生に、この頃から暗雲が漂い始めた。

梅津が一時的にチームを離れたことも影響した。ユースの監督だった松波正信（現在はガンバ大阪アカデミーダイレクター）が、S級ライセンスを取得するためにチームを離れ、それに伴い、梅津が9月からユースのコーチを務めることになったのだ。

大地自身は、壁に当たっていた。周りの選手が成長して体が大きくなってきたため、小柄だった大地は当たり負けする場面が増えた。

「ジュニアユースに上がった当初は、周りの選手がうますぎたので、僕は試合のメンバーにすら絡めませんでした」と振り返る江郷下が、サイドバックとして出場機会を増やしていく一方で、体力もなかった大地は、ベンチを温める試合が多くなった。

大地は、梅津が12月に戻ってきたあとも、ケガがちで、定位置をつかめなかった。

「中1を指導した5年間はすごく楽しかったです。指導できなかった3カ月の間も継続して教えることができていたら、大地の状況はまったく違うものになっていたと思います。

正直、もったいなかったです。文化が違うところからやってきた選手だったわけですし、今にして思うと、もう少しかわいがってあげなければいけなかったかもしれません。僕なりにかわいがっていたつもりではいましたが、ケガが多かったので、大変だったと思います」（梅津）

梅津は、大地が中学3年生になった2011年に、31歳の若さでユースの監督になった。大地が梅津の下でプレーした期間は決して長くないが、そのサッカー人生に与えた影響は大きいと言える。

サッカーがうまくいかなくなり始めたことが、私生活にも影響をおよぼす

ガンバに加入してからの大地は、大阪府岸和田市にある母・貴子の実家に移り住んでいた。

「知らないところに預けるよりはいいと思いました」(幹雄)

ガンバが練習する万博記念公園まで1時間半から2時間ほどかかるのは不安要素だったが、チームメイトの仲井康大が同じ中学校に通っていたので助かった。

大地は熱が少しあるだけで学校をよく休んでいた。ただし、サッカーに対しては真面目で、どれだけ熱があっても練習に行こうとした。

しかし、ちょうど反抗期に差しかかるタイミングで、サッカーがうまくいかなくなり始めたことが、私生活にも影響をおよぼした。

祖父母が「おはよう」と声をかけても、「うん」としか言わなかった。食べもの

に好き嫌いがあった大地。野菜を食べなかったりするのが、祖父母にとっては苦痛だった。もちろん、祖父母が嫌いだったわけではない。感謝の思いを持っていた。普通なら、両親に対して反抗するが、身近にいた祖父母が矛先になってしまった。2人の娘を育てた祖父母にとっては、初めての男の子。とまどいながらも、預かった以上はちゃんと育てなければいけないと思っていた中で衝突した。

そして、中学1年生から2年生に上がるタイミングで、「面倒を見切れないから、連れて帰ってくれ」との連絡を幹雄が義父から受けた。

「そんなことをしたら、祖父母との関係が終わってしまいます。帰る選択肢はありませんでした」という幹雄は、すぐさま大阪へと向かい、「反抗期の時期に起こる行動なので、許してください。僕らが、できる限り、ちゃんと指導します」と頭を下げた。

幹雄は気づかなかったが、大地はその様子を陰から見ていた。反省した大地は、「親には苦労をかけました」と後悔の念をのちに口にした。

大地の身長は中学時代の3年間で25センチ以上伸びたが、その成長期の真っただ中で、クラムジーになっていた。クラムジーとは、英語で「不器用」、「ぎこちない」などの意。体を思い通りに動かせなくなる症状に陥り、ある時期から、小学生のときのようなプレーができなくなっていた。

大地の特長である周りを見て判断することはできても、実行に移せなかった。また、毎年、ケガで3カ月近くもプレーできない時期があった。

サッカーがうまくいかない苛立ちを祖父母にぶつけてしまったのかもしれない。幹雄に対し、「愛媛に帰りたい」と漏らしたことさえあった。

「サッカーは夢だから頑張れ」と幹雄がメールを送ると、「サッカーはもう俺の夢じゃないけど、おとうさんとおかあさんにすごく迷惑をかけているのはわかっている。だから、人ができないような恩返しをしたい。そのためにはサッカーしかないから、今はサッカーを頑張っている」と返してきた。

「俺らのためにサッカーをやっているのか」と複雑な思いを感じた幹雄は、「サッカーが、目的ではなく、手段に変わったタイミングでした」と振り返る。

サッカー選手が羽ばたくまでの姿を数多く見てきた二宮は、こう分析する。

「親離れして、親に対する感謝の気持ちを強く持った選手の方がうまくいっていま す。親に恩返ししたいという気持ちが火事場の馬鹿力につながって、苦しいときに、持っている力以上のものを出せるんです」

中学2年でのBチーム行き。「俺の体は、いつになったら、思い通りに動くんだ」

苦難は、中学2年生になっても続いた。2年生に上がるタイミングで決まった新しいチーム編成において、Aチームに入れなかった。テクニカルなタイプから、強さと激しさを売りにするタイプへとモデルチェンジし、主力として欠かせない存在になっていた井手口はもちろんのこと、江郷下もAチームに名を連ねたが、大地は

Bチームだった。

ゴールデンウイークに行われたプレミアカップに強い意気込みを持って臨んだものの、ケガからの復帰後すぐの大会だったため、プレー機会は途中出場の1試合だけにとどまった。

「大地はうまかったのですが、それと試合で結果を出すことは別です。陽介は個の力があって、点を決めていましたし、1人で試合を打開していました。大地は周りを使いながらプレーする選手なので、ほかの選手の方が重宝されたのかなと思います」（江郷下）

大地は、高校生になってから、その当時をこう振り返る。

「中学1年生のときに手術をしました。全国大会の1週間前に治りましたが、試合に出たのは10分だけ。何もできなくて、悔しくて、サッカーをやめようと思いました」

1歳年下のMF市丸瑞希（ガンバ大阪などでプレー）、FW高木彰人（現在はザスパクサッツ群馬）らがチームに加入していた。のちに、全国大会で3冠獲得を達成した代である。彼らが加わったことも関係し、大地のチーム内での序列は上の方ではなかった。

当時、Bチームのコーチだった西村崇（現在はFC岐阜U－18監督）はリフティングを行わせ、課した回数が制限時間内にできなかった場合は、体力向上のために走らせていた。また、「4対2」のボール回しの際は、笛を鳴らしたタイミングで鬼だった選手にも走りを与えた。

ゲームでも、負けたチームに「失点数×1分」の走りを課した。罰走のルールが多かったため、江郷下の記憶の中には、Aチームの練習が終わってからもグラウンドの周りを走る大地の姿が残っている。

江郷下が覚えていることは、ほかにもある。2年生の頃によく見た練習終わりの光景である。多くの選手が炭酸飲料を飲む中、大地は牛乳を買って飲んでいた。

「最初は僕の方が大きかったのに、中学の途中で抜かれました。高校で一気に大き

くなったのを見て、中学時代に牛乳を飲んでいた効果かなと思いました」（江郷下）

大地は、チームメイトに「自主練につき合ってほしい」とよく頼んだ。5人を並ばせ、ドリブルで抜く練習を精力的に行った。それも、江郷下の印象に残っている。プレーでうまくいかない時期が続いたが、サッカーに対する愛情やうまくなりたい気持ちは変わらなかった。

技術は名門クラブの中でも群を抜いていたものの、試合になると、ほかの選手に比べて動きが鈍かった。それは、幹雄の目から見ても明らかで、小学生の頃の輝きを失っていた。幹雄は少しでも動けるようになればとラダーを買い、大地が長期休みで愛媛県に帰ってきた際は、ともにトレーニングに励んだ。

新チームになった中学2年生の冬、大地は大阪府堺市で行なわれた大会に臨んだ。自分たちの代になってようやく訪れたチャンス。大地は井手口らとともにスタメンで出場したが、ここでも思い通りのプレーができず、後半の頭で交代させられた。

ピッチから退いた大地は、Bチームに行くように言われ、肩を落とした。幹雄の車に乗り込んだ大地は、「俺の体は、いつになったら、思い通りに動くんだ」と後部座席で涙を流した。大地の辛さを理解する幹雄は言葉をかけられなかった。

「大地たちの代は本当によくなっていきました。中2の頃から世界を意識し始めました。海外遠征に行ったのが大きな経験になったと思います」（梅津）

大地らが中学3年生になる直前の2011年3月、チームはスペインに遠征した。選手たちに経験を積ませるために、宇佐美が中学2年生だった2006年から、海外遠征に行くようになっていた。

ガンバジュニアユースは、2007年と2009年に世界大会に出場した。プレミアカップで優勝し、マンチェスター・ユナイテッド・プレミアカップ・ワールドファイナルズに参加。世界大会の経験が貴重だったことは言うまでもないが、2007年にはヨーロッパでの試合を生で観戦し、感動を味わった。

「海外のサッカーを生で見られた経験は大きかったです。クリスティアーノ・ロナウドはすごかったですし、ズラタン・イブラヒモビッチもうまかったです。『ほんまにうまいんや』という感じでした。海外のサッカーを見て、選手の指導にも活かしたいと思いました。無我夢中でやりました。

海外遠征を経験して、自分の視野が狭かったことを感じさせられました。普段やっているサッカーに対して、これでいいのかという自問自答もさせられました。2回も世界大会を経験できたのは、指導する上での僕の財産になっています」(梅津)

大地は、スペイン遠征において、試合に出て、確かな手応えをつかんだ。間近で世界を感じられた経験は、その後のサッカー人生に間違いなく活きたはずである。

「ガンバでやってきた経験はでかいです。考え方がいろいろと変わりました」

3年生になった大地たちのチームは、1年時から行ってきた取り組みが実を結び、サッカーとして形になり始めていた。練習試合で負けたのは、GK田口潤人(現在はＦＣ琉球）がそびえ立つ横浜ＦＭジュニアユース戦と、のちにガンバユースに入り、年代別代表チームの10番を背負ったＦＷ中村文哉を擁する岐阜ＶＡＭＯＳ戦だけ。それまで勝てなかった京都Ｕ－15にも負けず、年間で4敗しかしなかった。

「それまでは弱かったのですが、3年生になってからはほとんど負け知らずでした」（江郷下）

一方で、大地は苦境から抜け出せずにいた。ユースの監督に昇格した梅津は、ジュニアユースの練習などをすぐそばで見ていた。

「大地は苦しんでいるようでしたし、くすぶっていました。試合に出られない理由がはたからでもわかるくらい、チームにフィットしていませんでした」

江郷下は、「大地はＢチームでトップという感じの選手でした。ただし、Ａチームのトップではありませんでした。正直、大地がユースに上がれるとは僕も思っていませんでした」と振り返る。

夏の日本クラブユース選手権（Ｕ－15）大会には、行くことすらできなかった。

直前に腰の分離症で骨折してしまったからである。

それでも、幹雄は昇格の可能性を信じていた。昇格の話を受けた上で、断ろうと考えていた。

ジュニアユースには、1学年に18人から20人程度の選手が在籍しているが、そこからユースで活躍してプロに進めるのは、ほんの一握りしかいない。それならば、ガンバジュニアユースから星稜高校（石川県）に進んで名古屋グランパス入りをつかんだ元日本代表の本田圭佑のように、早い段階から中心選手として活躍できるチームに行った方がいいという考えだった。

昇格できるのは、ジュニアユースとユースの関係者全員が合格と判断した選手だけだった。梅津や二宮は「昇格」との判断を下したが、上げるべきではないとの声が一部にあった。

大地が中学1年生だった2009年に、ユースがプリンスリーグU-18関西の2部に降格してしまったことがある。1年で1部復帰を果たしたものの、ユースとしては、結果もしっかりと出すチームづくりをしなければならなかった。

中学3年生のときからユースでプレーしていた井手口や、早くから有望視されていたGK林瑞輝（ガンバ大阪などでプレー）といった、戦力として確実に計算できる選手をそろえる必要があった。その流れで、外部の有望な中学生選手を数多く獲得しようということになり、大地の昇格は見送られた。

アカデミーとしての余裕があった一昔前であれば、ガンバのサッカーに適した大地は昇格できていたかもしれない。しかし、故障がちで計算が立たない選手を上げるのは、当時のチームとしては難しかった。

「選手のためには環境を変えた方がいいと思うことがありますが、本人にはそれを言えません。個人的には、大地をユースに上げたいと思いました。評価していなかったわけではありません。でも、自分の個人的な意見で上げることはできません。結果的にはいい世代のところにやってきて、いい苦しみ方をしたんじゃないかなと思います。

（大地が進んだ）東山高校（京都府）とユースが対戦した際に、大地はやっぱりうまいよなと感じました。いい部分や光る部分があるのは、もちろん知っていました。ただし、ユースに上がっても、僕に大地を育てる力があったかどうかはわかりません。結果として、上がれなかったのがよかったと思います」（梅津）

昇格を見送った当時の判断はよくなかった、選手を見る目がなかったと、大地がプロで活躍し始めてから言われたが、そうした声は間違っているように思う。上がれなかったから、今の大地がある。上がっていたら、また違った人生を歩んでいたはずだ。

挫折や成長には、チームメイトとのめぐり合わせも影響する。梅津がユースからジュニアユースに戻った2017年当時に中学2年生だったFW鈴木章斗は、ユースに上がれなかったが、阪南大学高校（大阪府）から湘南ベルマーレ入り。中学時代は、MF中村仁郎（現在はガンバ大阪）など、アタッカー陣にライバルが多かったため、サイドバックとしてプレーしていた。中学卒業時には誘いの声がなかなかかからなかったが、梅津が「彼は絶対にいい」と濱田豪監督に勧めた阪南大学高校でFWとしてブレークした。

鈴木の1歳年下にあたるMF名願斗哉の場合も、経緯が似ている。やはりユースに上がれなかったものの、履正社高校（大阪府）から川崎フロンターレ入りを果たした。ジュニアユース時代の名願に対し、梅津はその才能を高く買う一方で、メンタル面に弱さがあると感じていた。競争心をあおろうと、名願の代わりに意図的に下級生を起用したりしたが、効果は、なかなか表れなかった。そして、スタメン定着が遅れた結果、ユースに昇格することができなかった。

彼らは、ジュニアユース時代から、今と変わらぬ光るものを持っていた。ただし、そのままユースに進んで、花を咲かせたかどうかはわからない。

「ユースの監督をやったからこそ、ユースに上がるだけがすべてじゃないと思います。いろいろなメンタリティーを持つ選手がいるわけです。ユースに上がった方がいい選手もいれば、上がらない方がいい選手もいます」（梅津）

大地と同じく江郷下もユースに上がれなかったが、高校と大学で進化した。小柄な江郷下の適正ポジションは、ボランチやサイドバックだった。しかし、同学年に攻撃的なタイプが多かったチーム事情により、ジュニアユース最後の年は、気がきくタイプであることから、センターバックを任された。

日本クラブユース選手権（U－15）では、大会直前に足首を負傷したが、欠かせない選手だったため、最後まで奮闘した。ところが、決勝の清水ジュニアユース戦で北川航也にゴールを決められ大量失点し、評価を落としてしまった。

「ユースに上がれないと知ったときは、なんでやねんと思いました。キャプテンで上がれない選手はいなかったので、キャプテンなんてやらなければよかったと後悔しました」と、江郷下は振り返る。

「でも、今にして思えば、上がれなくてよかったと思います。東海大仰星で中務雅之監督と出会えて、人としても成長させてもらいました。今の性格になったのは、恩師に出会えたからです。大地みたいにサッカーで食べていければいいですが、そういう選手は一握り。サラリーマンとして働くことになった今の人生を考えると、高校サッカーでよかったと感じます。

（高校サッカーで培った）ハングリー精神は今後の人生で役立ちます。僕も大地もある程度の理不尽さを経験しながら、高校サッカーで揉まれたのがよかったと思います。我慢強さや反骨心が高校サッカーで身につきました。大地もユースに上がれず、見返してやろうと思ったからこそ、努力して今があるんだと思います」

幹雄は、ジュニアユース時代の面談で言われたことをハッキリと覚えている。

「『（大地には）得点を入れるイメージが湧きません。ハードワークもできません。うまいだけの選手はいりません』とのことでした。キッパリと言ってもらえたので、かえってすがすがしかったです」

中学生活最後の高円宮杯全日本ユース（U－15）選手権大会は、ジュビロ磐田U－15に敗れた。スタメン出場した大地は前半8分に先制点を奪ったが、ハーフタイムに交代させられた。チームは後半に追いつかれ、ＰＫ戦の末に涙をのんだ。

大地はガンバジュニアユース時代の3年間について、のちにこんな風に振り返っている。

「愛媛FCに行っていたら、苦労しなかったかもしれません。でも、ガンバで苦労したからこそ、今があるんです。ガンバ時代に思い通りにいかなかったことが（結果的には）よかったんだと思います」

苦労した経験は、やはり無駄ではなかったのだ。

「やめようと思ったことがありました。でも、ガンバでやってきた経験はでかいです。街クラブとは違う経験ができましたし、考え方がいろいろと変わりました。ボールの持ち方1つをとっても、変わったと思います。

ガンバのときは成長期だったので、フィジカル面でついていけませんでした。でかいけど細かったので、自分がやっていくためには、頭で考えて、工夫していくしかないと思っていました。そうした経験は大きいですし、フィジカル面で走れるようにもなりました」（大地）

「僕らも中学のときからみんな引っかかっていたので、見ると懐かしく思います」

大地と江郷下の関係は、中学卒業後も続いた。大地が入った東山高校と江郷下が進んだ東海大学付属仰星高校には交流があり、毎年2、3回は練習試合を行っていた。

大地の癖を知る江郷下がガツガツとボールを奪いに来るため、大地はいつも「やりにくい」と苦笑いした。ただし、江郷下は、わかっていながらも、大地の得意技であるキックフェイントにいつもだまされた。

「フランクフルトの試合でも、最後にキックフェイントで切り返すと、相手のディフェンダーが全員引っかかっています。僕らも中学のときからみんな引っかかっていたので、見ると懐かしく思います。

わかっているのにどうして引っかかるのはわかりません。教えてほしいくらいです。大地は人をだますプレーが好き。ディフェンダーが無理して飛び込んでもかわされます。それを3回、4回とやるイメージです」（江郷下）

ガンバでは中心選手ではなかったが、東山高校では、学年が上がるにつれ、主力としての振る舞いを見せるようになった。

「中学時代の大地には、人を動かすイメージはありませんでした。周りの選手に対して言うようになったのは、高校2年生の途中あたりからです。

もともとは、自分がよければいいという感じで、僕や周りの選手に言われるタイプでした。大地は走れなかったので、周りに『球際、行けよ』と言われていました。それが『行けよ』と自分から言えるようになっていたので、高校サッカーで変わったんだと思いました」（江郷下）

全国高校総体や全国高校サッカー選手権大会といった大きな大会が終わると、高校サッカーに進んだメンバーで集まり、食事会を開いた。高校3年生の全国選手権が終わったタイミングで集まった際に江郷下が感じたのは、大地の体が太くなっていたこと。内定先のサガン鳥栖から与えられた体幹トレーニングのメニューを毎日こなしていたからである。

大阪体育大学が、鳥栖入り内定前の大地に対し、誘いの声を熱心にかけていた。江郷下とまたチームメイトになる可能性があったことになる。

大地のために、推薦枠をギリギリまで空けていたが、大地は固辞した。最終的にその枠を使って入学したのは、四日市四郷高校（三重県）の無名選手、ＭＦ浅野雄也（現在は北海道コンサドーレ札幌）だった。

「見覚えがないジャージを着ていたので、最初は誰だろうと思いました。でも、左足と切り返しがすごかったです。あとになって、浅野拓磨選手（現在はボーフム＝ドイツ）の弟だと知って驚きました」（江郷下）

大阪体育大学時代の江郷下の同期としては、浅野のほかに、ＤＦ菊池流帆（現在はヴィッセル神戸）、ＧＫ立川小太郎（現在は湘南ベルマーレ）、ＭＦ末吉塁（現在はジェフユナイテッド千葉）もいる。また、１学年下には、ガンバユースに昇格できなかったものの、高校、大学経由でプロ入りしたDF田中駿汰（現在は北海道コンサドーレ札幌）とFW林大地（現在はシントトロイデンVV＝ベルギー）がいた。田中は、ガンバ時代から大学2年目までボランチだった。しかし、センターバックに故障者が相次いだことでコンバートされた。最初は「1対1」の守備対応がまならなかったが、試合を重ねるうちにチームに欠かせない選手へと成長した。林も、大学でコンバートされた選手。サイドハーフからFWに変わり、ブレークを遂げた。

プロ入りした選手を間近で見てきたからこそ、感じることがある。

「プロでやれる選手とやれない選手の違いは、運とタイミングだと思います。大地はタイミングがよかったんです。獲ってくれた監督や出会う監督、すべてに恵まれたと感じます」（江郷下）

「運とタイミング」は、梅津も口にするワードである。

「大地は、中学の3年間で変わっていません。ずっと同じまま、成長していきました。

大地にとっては、フランクフルトに長谷部誠選手がいたのが大きかったと思います。江郷下がユースに上がれなかったのは、同じポジションに陽介がいたからです。サッカー人生は、人との出会いによって変わります。

僕がすごく感謝しているのは、大地の中学に、ガンバの仲井康大がたまたまいたことです。彼と一緒に岸和田から通えたことは、大地にとってプラスでした。今、彼らのインスタライブを見ると、大地が素の顔を見せています。大地がガンバでのプレーを続けられたのは、あの出会いがあったからかもしれません。出会っていなければ、やめた可能性だってあります。

僕らが何かしたというよりは、そうしためぐり合わせが大きいと思います。いろいろなところから18人の選手が集まって、そのうちの2人が、たまたま同じ中学校にいたわけです。大地はそういう星の下に生まれているんじゃないですか。僕自身は、大地が活躍して、自分がやってきたことは間違いじゃなかったと思えました。大地に出会えてよかったです」

そう話した梅津は、最後に「大地は『梅津に出会えてよかったんじゃないか』と書いておいてください」と笑い、オチをつけた。

梅津と大地の交流は、今でもＬＩＮＥを通じて続いている。カタール・ワールドカップ期間中に梅津が「もっとできるやろ」と送ったところ、素っ気ない一言しか返ってこなかった。

「あいつなりにプレッシャーを感じていたんでしょう。自分のことをわかってくれる人が少ないというのが、大地の悩みの１つだったと思います。僕はわかってあげたいですし、わかってあげられない指導者ではいけないと思います」と話す口調に、自分が指導した選手への優しさを感じる。

「僕は、プロになれる選手は、結局はプロになれるものだと思います。大地にしても、どこに行っても大丈夫だったんじゃないでしょうか。どこに行ってもプロになっていたと思います。プロになれる選手はプロになるのが、ガンバのアカデミー。当時のエピソードがどうだとか言われがちですが、それがなかったら今がないかと言えば、そんなことはないでしょう。あとづけでしかありません。（堂安）律にしても大地にしても（井手口）陽介にしても、プロになる選手は特長を持っているものです。律や大地がワールドカップに出ても、喜びはありませんでした。自分が育てたとは思っていませんから。『僕が育てたんだよ』と、自信を持って言えるような指導者になってみたい気持ちもありますが、『梅津さんには何も教えてもらえませんでした』と言わせるのが、正解だと思っているくらいです」

梅津の言葉からは、育成年代に携わる指導者としての信念が感じられる。

「ワールドカップは、いちファンとして見ていました。自慢の友だちです」と江郷下は話す。現在の江郷下は、営業職のサラリーマン。営業先では「サッカーをやっていました」という話から始まることが多い。相手が「どこで？」と興味を持ってくれると、「ワールドカップに出ていた鎌田大地選手は、中学時代のチームメイトなんです」と、必ず告げる。

大地には多くの人から連絡があるので、迷惑をかけるといけないと配慮し、個別で連絡をとることを今はあえて控えている。大地が更新するＳＮＳに、ときどき絵文字でリアクションする程度である。

「大地の活躍を見られるだけでうれしいです。ワールドカップでは、大地の調子が悪いのを見ながら、マークがきついし、しんどいよなと思っていました。しかも、ずっと試合に出ていたので、大変だろうなと。このあとは（ＦＣ）バルセロナに行ってほしいです」（江郷下）

それぞれが活躍する舞台は変わっても、チームメイトだった選手の存在は刺激になる。

「大地が活躍する姿を見ると、そのたびに僕も頑張らなければいけないと思います。大地、陽介、（菊池）流帆、林大地とかの試合は、毎週チェックします。立場が変わっても気になりますし、みんなの活躍を見ると、自分も頑張ろうと思えます。

彼らは、いずれサッカー選手をやめて、社会人になります。僕は、そのときに彼らよりも上のステージにいなければいけないと、すごく思います。生涯年収で大地を超えるのは無理かもしれないですが、Ｊリーガーには負けたらあかんと思っています。それが、僕が頑張れる原動力です」（江郷下）

梅津博徳

(元ガンバ大阪ジュニアユースコーチ)

うめづ・ひろのり◎1979年5月18日生まれ、埼玉県出身。稲本潤一(現在は南葛SC)らとともにガンバ大阪ジュニアユースおよび同ユースでプレー。近畿大学卒業後、G大阪のスクールコーチになり、2006年にジュニアユースのコーチに就任した。11年からユースの監督を務め、高円宮杯 U-18サッカープレミアリーグ WEST優勝を経験。現在は横浜F・マリノスジュニアユースで監督を務める

二宮博

(元ガンバ大阪スカウト)

にのみや・ひろし◎1962年 2月4日生まれ、愛媛県出身。三瓶高校、中京大学と進んだ。大学卒業後、愛媛県の中学校で保健体育の教員になり、サッカー部を指導。94年にガンバ大阪のスカウトに転身し、元日本代表の播戸竜二らを獲得した。強化部スカウト部長、アカデミー本部本部長などを歴任。現在はバリュエンスホールディングス株式会社に勤務する

第2章の主な登場者プロフィール

江郷下奨

（ガンバ大阪ジュニアユース時代のチームメイト）

えごした・しょう◎1996年6月10日生まれ、大阪府出身。中学時代までガンバ大阪のアカデミーに所属。東海大学付属仰星高校（現・東海大学付属大阪仰星高校）に進み、全国高校サッカー選手権大会に出場した。大阪体育大学ではキャプテンを務め、卒業後、FC大阪でプレー。2021年に引退し、現在は株式会社日本トリムに勤務する

EPISODE 1

鎌田大夢

（弟）

小さい頃からチャンピオンズリーグで
優勝することを夢見てきた大地。
ビッグクラブで活躍して、
そこで夢をかなえてほしいと思います

©J.LEAGUE

プロフィール
かまだ・ひろむ◎2001年6月23日生まれ、愛媛県出身。兄・大地と同じくキッズFCでサッカーを始め、中学生のときはJFAアカデミー福島U-15でプレーした。昌平高校（埼玉県）に進み、3年時の全国高校サッカー選手権大会でベスト8。高校卒業後、福島ユナイテッドFCに加入した。2022年からベガルタ仙台でプレーする

「アカデミーで試合に出られているなら、そのままアカデミーでもいいんじゃない？」

幼少期の大地は、優しいおにいちゃんでした。僕がサッカーを始めてすぐの頃は、幼稚園児だった僕のグラウンドと小学生だった大地のグラウンドは別々だったのに、いつも僕についてきてくれました。面倒をずっと見てくれました。

父に連れられて、大地の試合をよく見に行きました。でも、僕は見るよりもやる方が好きだったので、会場に行っても、大地のプレーをあまり見ずに、ずっとゲームをしていた覚えがあります。

父は、大地に対してものすごく厳しかった記憶がありますが、僕に対しては、そうではありませんでした。父と一緒に風呂に入ったときに、「厳しくした方がいい？それとも、そうじゃない方がいい？」と聞かれたので、「厳しくない方がいい」と言ったからです。試合を見てアドバイスをくれたり、「きょうの試合で3点取ったら、何か買ってあげる」と言ってくれたりして、いつも優しかったです。高校進学時には、高体連のチームを熱心に探してくれました。今でも「あしたの試合、頑張れよ」と言ってくれたりしますし、こまめに連絡をとっています。

キッズFCでは、僕も、大地と同じように、基礎練習と「1対1」ばかりやっていました。今のドリブルや技術は、その頃にだいぶ身についたのかなと思います。でも、大会ではチームとしての結果をほとんど残せませんでした。全少（全日本少年サッカー大会、当時）は、愛媛県のベスト8で負けました。悔しい思い出が残っています。

中学校に上がるタイミングで、JFAアカデミー福島（U－15、当時は静岡県）に入りました。「大地がセレクションに落ちたところだから、受けてみたら？」と父に勧められたのが、（JFAアカデミー福島に進む）きっかけになりました。受かろうという気持ちはなくて、サッカーを楽しもうという気持ちでしたが、合格することができました。JFAアカデミー福島では、サッカーを教えてもらったという感覚です。技術を磨いた小学生のときとは違って、攻撃方法や、マークのつき方とか受け渡し方といった守備方法など、サッカーの仕組みを学びました。

僕が中学2年生のときに、大地がサガン鳥栖に入りました。1年目から結果を残したので、すごいなと感じていました。

高校生になってもJFAアカデミー福島でやるべきなのか、大地に電話で相談したことがあります。大地が高校サッカーをやっている姿を見て格好いいなと思っていた僕が「高校サッカーはどう？」と聞くと、「自分はガンバ（大阪ユース）に上がれなかったから、高校サッカーを選んだだけ。アカデミーで試合に出られているなら、そのままアカデミーでもいいんじゃない？」とアドバイスしてくれました。でも、高校サッカーで頑張っていた大地を見て、あこがれがあったので、昌平高校（埼玉県）に行こうと決心しました。

入学当初はAチームで試合に出ていたのですが、2年生になってからは、出られなくて腐っていました。「なんで、出られないんだろう？」という思いが強くて、適当な気持ちでサッカーに向き合うようになってしまっていました。

もう一度頑張ろうと思ったのは、自分たちの代になってからです。Aチームに入れましたし、プロに行きたかったので、気持ちのスイッチが入りました。高校の3年間で、足元の技術がよりうまくなった気がしています。

プロ入りについては、大地に相談することはありませんでした。でも、「行けるんなら行ったら?」みたいな感じで、背中を押してくれました。高校卒業時点で福島ユナイテッドFCに入った決断は、間違っていなかったと思います。

自分のためではなく、チームのために頑張る姿が印象的だった

大地と暮らしたのは僕が小学1年生のときまでですが、大地は本当にサッカーが好きなんだなと感じていました。学校の休み時間にもサッカーをしていましたし、

家に帰ってからも、普通の遊びをすることなく、ずっとボールを蹴っていました。プロになってからも、J3のハイライトまで見ていたらしいです。努力としてなのか、好きだからなのか、それはわかりませんが、サッカーとのそういう向き合い方が活躍につながっている気がします。

今は、会ってもサッカーの話はまったくしません。僕が福島からベガルタ仙台に移籍したときに、簡単な報告をしたくらいです。

成人した際に、お祝いとして、リュックをくれました。財布をもらったこともあります。大地が日本に帰ってきたときに、よく一緒にゲームをするのですが、「俺に勝ったら、何か買ってあげる」と言われたんです。「財布がほしい」とリクエストして、僕が勝ちました。大地が選んでくれた財布をもらいましたが、カードと札が入らない小銭入れだったので、思っていたのと違うなととまどいました(笑)。

大地と僕のオフの期間が初めてかぶった去年(2022年)の冬に、家族そろって旅行に出かけました。オフ明けの体をつくる練習を一緒にやったのですが、海外に行って体が大きくなったなと改めて感じました。

大地がカタール・ワールドカップに出たときはうれしかったです。全試合スタメンで出場したのは信頼されているからなので、すごいなと思いました。でも、一方で、相手の運動量が落ちて、攻撃的に戦う後半から入る方が輝けるのかなとも思いました。

自分のためではなく、チームのために頑張っている姿が印象的でした。大地が出ている間はちゃんと見ていましたが、途中で交代したあとは集中して見ることはありませんでした。次のワールドカップでは、もっと活躍してほしいです。

大地の活躍を見ると、自分も頑張ろうと思えます。僕も、今年（23年）は試合にたくさん出て活躍したいです。年代別代表に入って、パリ・オリンピック（24年）を目指したいです。あこがれの海外に行くには、オリンピックに出るのが一番の近道だと考えています。

大地は、プレーのすべてがうまいです。周りが見えているからこそ、あれだけ落ち着いてプレーできるんだろうなと感じます。そういう中で、いろいろな選択肢を持って、常にいい判断ができています。小さい頃から（ＵＥＦＡ）チャンピオンズリーグで優勝することを夢見てきた大地ですが、それができるようなビッグクラブへの加入がもう目の前です。ビッグクラブで活躍して、そこで夢を叶えてほしいと思います。

※取材は４月上旬に実施

第3章

東山高校時代

サッカー人生のターニングポイントと言える出来事だった。
東山高校（京都府）の熱き指揮官、福重良一との出会いである。
この監督の指導により、精神的に鍛え上げられた。
「高校サッカー」という環境の中で、チームの大切さも学んだ。
人間的なたくましさを大いに増す3年間になった。

「プレーが周りとまったく違いました。すごいな、こいつと思いました」

大地がガンバ大阪ジュニアユースから東山高校（京都府）に進むことになったきっかけは、中学3年生のときの6月にある。ケガが多かった大地は、同期のMF井手口陽介（現在はアビスパ福岡）らと違い、3年生になってもポジションをつかめずにいた。大地自身はそのままユースに昇格したかったが、難しいかもしれないと考えた父・幹雄は、大阪体育大学時代の後輩である三笘康之（奈良学園登美ヶ丘高校監督）に相談した。三笘は、のちに日本代表で大地とプレーすることになるMF三笘薫（ブライトン＝イングランド）の叔父にあたる人物。その三笘が、「福ちゃんのところに預けるのが絶対にいい」と、自分の同級生である福重良一が率いる東山高校を勧めてきた。

東山高校は1995年から2大会連続で全国高校サッカー選手権大会（以下、選手権）に出場したが、それ以降は低迷が続いていた。しかし、2005年に福重が監督に就任してからは上昇気流に乗った。大地が中学3年生の年に、高円宮杯U－18サッカープリンスリーグ関西（以下、プリンスリーグ関西）の2部に初参戦。のちに関西学院大学からアルビレックス新潟に進むMF森俊介（現在は奈良クラブ）、桃山学院大学から松本山雅FC入りするFW岡佳樹（現在は品川CC横浜）といったタレントが在籍していた。

周囲から「東山が強くなっている」と聞いていた三笘は、幹雄と福重を奈良の居酒屋で引き合わせた。幹雄と福重はともに大阪体育大学の出身だが、大学当時は関係性が薄かったのである。

大地が昇格できないかもしれないと考える理由について、ケガがちであること、切り替えが遅いこと、ハードワークできないことを幹雄が挙げると、福重は「ハードワークや献身性は磨けます」と言い切った。

「僕は大地のことを『変えられる』と幹雄さんに言いましたが、それは、僕が選手に嫌われるのをあまり気にしないタイプだからです。多くの指導者は、生徒が嫌な顔をすると面倒くさいからと厳しいことを言わなくなりますが、それは違うと思います。

僕は、選手をなんとかするために、しつこく言い続けます。選手に好かれたいのはやまやまですが、それがいいとは思いません。部活以外のところでは優しい福重先生ですが、サッカーになったら、そうはいきません」

大地に興味を持った福重は、日本クラブユース選手権（U－15）大会に向けて調整する、ガンバジュニアユースのトレーニングマッチを視察した。その日の大地は、後半途中からの出場。しかし、わずかな時間の中で見せたプレーに福重はほれ込んだ。

「プレーが周りとまったく違いました。見ている場所がほかの選手と違いましたし、スペースを見つけてそこに入るのがうまかったです。パスの出しどころのスペースもそうですし、自分が活きるスペースを見つけるポジショニングも面白かったです。

すごいな、こいつと思いました。ハードワークや切り替えは高校に入ってからでも教えられますが、指導者が教えられない感覚を持っていました」

福重は、絶対にこの子の面倒を見たい、この子に関わりたいと思った。ただし、大地には覚悟が必要だと感じた。

「僕とおとうさんのつながりで入るのではなく、大地自身が東山高校の厳しさに納得した上で入学してほしいと思いました。それは、覚悟を持って入らないと、すねてしまう子だと感じたからです。僕が『いい選手だから、プロにしてあげる』と声をかけるのではなく、彼が東山高校のやり方に納得して、その上でプロになる覚悟があるなら来てほしいと考えました」

9月に入ると、ユースへの昇格を見送るとの最終ジャッジが下された。大阪の高校も興味を示していたが、ユースに上がれないのであれば、愛媛に帰るとの噂が広がったため、結局は声がかからなかった。

のちに、大地がガンバ大阪ユースに昇格できなかったことを知り、「大地が来てくれたら、絶対に全国優勝できた」と残念がったのは米子北高校（鳥取県）の城市徳之総監督である。城市総監督は大阪体育大学出身で、幹雄の先輩。お互いの結婚式に出席するほどの間柄だった。

進路の選択に際しては、行きたいと思うチームがあっても、ケガがちでセレクションに参加できないという事情があった。ガンバの関係者からは、技巧派を探していた別のJクラブアカデミーを勧められたりもした。しかし、幹雄は高体連のチームがいいと考えた。

「Jクラブのアカデミーでは、学年の1、2番手しか、トップチームに上がれません。上がれなかったときにそれでもプロを希望した場合、当時はほかのチームでプロになることはできませんでした。それならば、高体連のチームに行って、たくさんのJクラブを見た方がいいと思いました。それに、高体連の方が仲間がたくさんできます」

当時は土のグラウンドが多かった関西の他校と違い、東山高校にはできたばかりの人工芝のピッチがあった。大地はその点に魅力を感じ、東山高校への入学に気持ちが傾いていった。

「プロになりたいです。ガンバからオファーをもらって、それを断りたいです」

福重は、大地が初めて練習見学に来たときのことを今でも鮮明に覚えている。帽子を目深にかぶり、イヤホンを装着した姿でグラウンドに現れた。せっかく大阪から京都に来たからと清水寺に寄ってきたあとで、土産物屋で買った木刀を握りしめていた。

腰に故障を抱えていたため、プレーはできず、見学のみだったが、当時2年生だった森らのプレーを見て、「結構うまいですね、このチーム」と口にした。

福重は、面談した印象として、「人見知りだし、難しい子」と感じた。しかし、「プロになりたいです。ガンバからオファーをもらって、それを断りたいです」とハッキリと話した大地に、むしろ好印象を抱いた。

「関西人チックな考えを持っていたので、こいつは面白いと思いました。僕の感覚としては、ユースに上がれなかった子が、高校を出るときにそのチームからまた声をかけてもらうために頑張ろうと考えるようでは、普通の選手だと思います。

僕が初芝橋本高校（和歌山県）にいたときに指導した酒本憲幸（現在はセレッソ大阪アンバサダー）にしろ、金明輝（現在はFC町田ゼルビアヘッドコーチ）にしろ、引退してからも愛されたり、指導者になったりする人間は、少しだけ癖があるものです」

福重は、プロになる選手に共通する独特の癖とともに、これまで関わってきた選手との違いも感じた。

「大地は納得した人の話はちゃんと聞きますが、納得しなかったら、ちゃんと対応しません。大人が試されている感じがしますが、根の部分は素直で真面目だと思います。

初芝橋本時代で言うと、酒本、辻尾真二（現在はツエーゲン金沢アンバサダー）、金明輝、東山時代で言うと、森なんかは真面目さしかありません。でも、大地は真面目さに加えて、自分の核となる考えを持っていました。

僕が背中を向けた瞬間に舌を出しているような、真面目さだけじゃない、素直さだけじゃない感覚が、ほかの選手とはまったく違うように感じました。素直じゃない性格しか持っていない子はつぶれていきますが、大地は両方を持っていました」

福重は、センターバックだった自らの現役時代に大地の姿を重ねていたのかもしれない。和歌山工業（和歌山県）でプレーしていた高校時代の福重は、納得できないと、試合中であっても不満を明確に示した。

「どうして、自分を試合に出さないんですか？」と言いに行ったこともあった。2年生に上がる際の遠征では、「試合のビデオを撮っておけ」と命じられたが、「僕はビデオを撮りに来たわけじゃありません」と言い返した。

「親からお金をもらって遠征に来ているのに、試合に出られなかったら、お金がもったいないです。Ｂチームでいいので、僕を試合に出してください」

その姿勢が買われ、四日市中央工業高校（三重県）との練習試合にＡチームのメンバーとして出場した。そこで完封勝利を収めたのがきっかけとなり、レギュラーポジションをつかんだのである。試合中にＰＫのチャンスが訪れると、「先輩は下手だから、蹴らないでください」と、自ら蹴るような選手だった。

「僕はすごく下手でしたが、誰よりも努力している自負がありました。だからこそ、納得できないことについては、監督や先輩に対してでも、『納得できない』と言えたんです」（福重）

大阪体育大学入学後も、「自分が下手だとわかっていたので、誰にも文句を言われないくらい努力していました」。授業がない時間を見つけては、グラウンドでボールを蹴っていた。練習の前後には、レギュラーの上級生を捕まえ、自主練に励んだ。「先輩を超えることができたら、プロになれる」と信じ、「１対１」の勝負を繰り返した。京都パープルサンガ（現・京都サンガF.C.）でプロになってからも、「プロでやれるほどの技術がなかったので、気持ちでやるしかありませんでした」と、武器であるヘディングの鍛錬に明け暮れた。

引退後、初めて赴任したのが初芝橋本高校だった。まだ30代前半だったため、体が動いた。当時の逸材が酒本。自分を超えてプロになってほしいと考えた福重は、練習のあと、「『1対1』で勝負しよう」と酒本に持ちかけた。逃げられることもあったが、「プロになりたいと言っているのに、俺を抜けなかったら、どうするの？」と持ちかけると、ようやく挑んできた。

「気持ちがないと、プロで大成することはできません。技術を持っている子が気持ちを持てば、プロで活躍できる可能性が高まると思います」（福重）

今でこそ穏やかになったが、大地が入学した頃の福重の指導は厳しかった。試合で活躍するための運動量と精神力を身につけるために、選手たちを徹底的に走らせた。

赴任当初は、出身の公立中学校でレギュラーになれなかった選手たちばかりだった。それでも、何とか強くしようと頑張った結果、プリンスリーグ関西1部にたどり着いた。大地の入学時は、関西で強豪として知られる千里丘FC（大阪府）や伊丹FCジュニアユース（兵庫県）から選手が集まり始めた時期だった。

「僕自身がやりたいサッカーのレベルに達した選手たちでした。また、選手たちも高いレベルを求めていました」（福重）

高校卒業時点でのプロ入りを目指していた大地に対しては、人間性やハードワークの部分を厳しく求めた。

「僕がいくら厳しい要求をしても、単にいい大学に行きたいという子にとっては、それは意味があまりありません。でも、大地の場合は、自分が描く道筋がサッカーでプロになることとハッキリとしていたので、僕としては指導がブレませんでした」（福重）

選手権予選の決勝で負けたあとに寮に戻ると、すぐにバリカンを手にとり、自ら頭を丸める

当時の東山高校は、2022年度の選手権で全国準優勝したチームよりも強かったと評されるほど、実力者がそろっていた。その中でも、大地の技術力と判断力は、群を抜いていた。ただし、入学前からわかってはいたが、実際に指導してみると、ほかの選手と同じやり方ではうまくいかないことを痛感させられた。

「扱いづらかったです。手を焼いたと言いますか、時間がかかったと言いますか……。指導者が持っている10個のパターンのうちの1個で指導できる子ではありませんでした。

これがうまくいかないならこれを試そう、この前はうまくいったのにきょうはうまくいかないといったことが結構ありました。チームメイトの前でしかったりとか、試合で使わなかったりとか、試行錯誤の連続でした」（福重）

大地は、プロになるために、レギュラーの座をつかむために、努力を惜しまなかった。中盤での起用が多かったガンバジュニアユース時代とは異なり、1年生のときはFWでの出場が多かった。

それまではドリブルを多用せず、味方のゴールをお膳立てするスルーパスが多い選手だったが、新たな武器を獲得するために、仕掛ける回数やゴール前に抜け出す回数を増やそうとしていた。大型FWの岡からは、相手との競り方を教わっていた。

当時、大地はこんな風に話していた。

「中学時代は、正直、ヘディングするのが怖くて、1回もしませんでした。でも、今は岡君に教わって、相手の背負い方を意識したりとか、相手に先に当たったりするとか、工夫しています」

そうした向上心は、伸びる選手の特長である。

「プロになれる選手の要素として大事なのは、素直でまじめなことと、自分をちゃんと分析して、問題を自分で解決できることだと思います。

酒本は、ドリブルのテクニックをもともと持っていましたが、入学当初は戦術的な部分が足りなくて、常にサイドに張りっぱなしでした。そういう課題を自分で分析して、変えていきました。金明輝は、ヘディングが強い一方で、あまりうまくない選手でした。でも、自主練を一生懸命やることで改善していきました。

僕に言われなくても努力できる子がプロになっています。そういうところが、大地にもありました。素直で真面目ですし、絶対的な信念を持っていました」（福重）

テクニックとサッカーに向き合う姿勢を買われていた大地は、持久走でもチームで一番になった。さらには、細身ながらも体幹がしっかりと鍛えられた。

入学直後からAチームに抜擢され、練習試合やプリンスリーグ関西でスタメン起用された。タレントぞろいだった同級生の中でも、その存在感は際立っていた。

当時のチームメイトで現在は大地のマネージャーを務める中村太郎は言う。

「『変わっている人間』というのが、大地の第一印象でした。今思えば、あの時点で大地は大地でした。変わらないのがすごくて、誰が相手でも裏表がありません。

中3から高1になったときって、何もわからないので、いろいろなことに緊張します。でも、大地はどっしりと構えていると言いますか、自信があるように見えて、雰囲気が周りとは違いました。高校でもできるだろうという自信があったのかなと思います」

ボールを持ったときのプレーは評価されていたが、サッカーはチームスポーツであるとの意識が当時はまだ薄かった。ボールを失ってからの反応が遅く、上級生が「守備をしろ」と怒るほどだった。そのため、ベンチスタートになることが多かった。

「俺の方がうまいのに、どうして試合に出られないんだと思っていたはずです」（福重）

大地が1年生のときの夏、東山高校は全国高校総体に初出場。大地は1回戦の旭川実業高校（北海道）戦でスタメン出場を果たしたが、東山に退場者が出たため後半で途中交代。チームはＰＫ戦の末に惜敗した。

続く選手権の京都府予選では、スタメンだったり、途中出場だったりという立場だった。決勝は、1年生の技術よりも3年生の思いにかける福重の考えからベンチスタートになった。相手の京都橘高校は、この大会で全国準優勝に輝く強豪。本大会で優秀選手に選ばれる仙頭啓矢と小屋松知哉（現在はともに柏レイソル）が2トップを組んでいた。また、下級生にもMF中野克哉（現在はFC琉球）やGK永井建成（現在はFC大阪）を擁するなど、各ポジションに穴がないチームだった。

激しい雨が降る中、西京極陸上競技場兼球技場（現たけびしスタジアム京都）で行われた一戦は、序盤から京都橘高校のペースで進んだ。仙頭と小屋松が、前半半ばに連続ゴールをマーク。コーナーキックからさらに追加点を奪われた東山高校は、0－3のビハインドで折り返すことになった。しかし、後半開始直後に岡と森が追撃の得点。そして、逆転の切り札として、大地に出番が訪れた。

1点差に詰め寄ったことで勢いに乗った東山は、相手守備陣の背後を何度も突いたが、同点ゴールは生まれなかった。大地にも、試合終了間際に決定機が到来。がら空きのゴール前でシュートチャンスを迎えたが、インサイドキックで打ったシュートは枠の外へと外れ、結局、2－3でタイムアップのときを迎えた。

雨で濡れた芝が、大地の邪魔をした。練習でいつも使う人工芝のグラウンドとは、勝手が違った。ぬかるんだピッチでシュートを決めるのは簡単ではない。ミスしてもおかしくない状況だった。

大地は、当時の心境をプロ入り後にこう語っている。

「高1の選手権で負けたときは、サッカーをやめようと思いました。僕が最後に外したせいで、3年生を引退させてしまいました。負けたのは僕のせいです」

試合後、人目をはばからずに大粒の涙を流す大地に対し、先輩たちは、「次は、お前が頑張れ」と優しく励ました。大地が誰よりも努力していたことを知っていたからこそ、出た言葉だった。

福重は、「大地としては、自分のレベルなら、絶対に外してはいけないシュートだったという思いがあったのでしょう。プロなら絶対に責められる状況、ユースならチームメイトに文句を言われていた状況なのに、3年生が優しい言葉をかけてくれたわけです。これは、大地にとって大きな出来事だったと思います」と振り返る。

中村もまた、これが1つの転機になったと考える。

「試合に出られない3年生がたくさんいる中で、1年生の大地が出たわけです。大地は、試合を左右する場面でミスが出たことをすごく後悔していました。そこから、チームのためにという気持ちが強くなっていったように思います」

1993年のJリーグ開幕とともに、各クラブがアカデミーを創設した。アカデミー育ちのJリーガーが増えるのに伴い、高体連とアカデミーの違いについての議論が増えたが、最大の違いはチームメイトの応援かもしれない。

Jクラブのアカデミーに在籍する選手たちは、選手権に出て、何万人もの観客が入った国立競技場でプレーすることよりも、試合に出られない悔しさを抱える数多くの同級生や先輩たちからエールを送られて大舞台でプレーすることの方にあこがれを抱くという。選手は、他人の人生を背負う経験によって、人間的にたくましくなるのかもしれない。

選手権で全国準優勝した2022年度の東山高校の選手たちは、キャプテンでDFの新谷陸斗主将（現在は明治大学）をはじめ、主力の半数近くがセレッソ大阪のアカデミー育ちである。彼らは、U－15時代に、スウェーデンで行われた世界最大規模の国際ユース大会、ゴシアカップに出場した。実は、東山高校もこの大会に参加していた。東山高校の選手たちは、自分たちの試合がないときはセレッソを応援した。セレッソの選手たちは東山高校に対して好印象を持ち、それが、新谷たちが東山高校入学を決める一因になった。

Jクラブのアカデミーでは気づけなかった仲間たちの思い、それが大地の成長を促したことは間違いない。

「試合では、同級生だけでなく、上級生も応援してくれます。途中から出場した大地にエールを送ってくれる姿を見て、大地には感じるものがあったと思います。先輩の応援には、自分がピッチに立てない分を後輩に託すという意味もあります。その思いを本気で感じた大地は、少しずつ変わっていきました」（福重）

当時の東山高校には、選手たちの取り決めとして、部内ルールを守らなかった者は坊主頭にするという規則があった。入学した頃の大地は、「坊主頭にしたら、サッカーがうまくなるの?」と言うタイプだったが、選手権予選の決勝で負けたあとに寮に戻ると、すぐにバリカンを手にとり、自ら頭を丸めた。翌日、坊主頭で学校に現れた大地に福重は驚き、幹雄に連絡した。

決勝での敗戦をきっかけに、サッカーに対する大地の意識が少しずつ変わっていった。チームスポーツにはチームワークが大事だと考え始めた。

それまでは、「攻守の切り替えを意識しなさい。奪われたら、奪い返すんだ」と福重に言われても、奪い返そうとするのは、自分が奪われたときだけだった。味方がミスした場合は、これは自分のミスではないといった態度を見せ、奪い返そうとしなかった。

しかし、勝つためにはチーム全体で切り替えることが大事だと気づき、別の選手がミスしたケースでも、守備をするようになった。大地はカタール・ワールドカップの際に、「自分を犠牲にしてチームのために戦うのは高校サッカーのとき以来」と話したが、その言葉の原点である。

目に見える結果を意識し、プリンスリーグ関西で得点王とアシスト王を獲得

2年生のシーズンは、天国と地獄を味わった1年だったかもしれない。新チームが始まってすぐの新人戦の際に、大地はこう話した。

「(1年時の)選手権は僕のせいで負けてしまいました。京都橘に(選手権で)国立(競技場)に行かれて悔しかったので、次は(自分たちが)国立に行きたいです。今年は選手権のためだけにやろうと思っています。今年の目標は、京都橘の仙頭君みたいに、ボールに常に触ってゲームをつくりつつ、ちゃんと点を決めることです」

前年から試合に出場していたのは、大地と、新チームでキャプテンを務めることになったMF北村明信だけだった。悔しい負け方を経験し、二度と負けたくないと思った2人と、ほかの選手との間には、意識に温度差があった。北村は、チームをまとめるのに苦労した。大地のプレーは、周りの選手とかみ合わなかった。新チームの立ち上げ当初は主役になると思われた大地が試合に出られない時期が続いた。

試合を終えた大地と幹雄が食事に行く機会があった。チームメイトの不満ばかりを口にする大地に苛立ち、「だから、お前はあかんねん。何も変わっていない」と吐き捨てた幹雄は、お金だけ置いて店を出た。大地はすぐに母・貴子に電話し、「おとうさんだから、愚痴を言ったんだ。チームでは、そんな愚痴なんか一切言わない。俺は誰に愚痴を言ったらいいんだ」とこぼした。

幹雄にとって、これは後悔の出来事だった。その後悔が、大地と5歳違いの弟である大夢（現在はベガルタ仙台）との接し方につながった。

兄同様、高いテクニックと戦術眼を持つ大夢は、中学時代はJFAアカデミー福島U－15（当時は静岡県）でプレーした。JFAアカデミー福島U－18から2人同時にV・ファーレン長崎入りしたDF加藤聖、FW植中朝日（現在は横浜F・マリノス）と同期で、中学3年生のときに、日本クラブユースサッカー選手権（U－15）大会で準優勝。全国トップクラスの強豪から数多くの誘いがあった中から、昌平高校（埼玉県）を選択した。

1年生のときは、途中出場を中心にAチームで試合経験を重ねた。ところが、2年目はBチーム。3年生になったときに中心選手として活躍してもらうために、守備とメンタルを鍛える。それが、昌平高校を率いる藤島崇之監督の狙いだった。ただし、本人にその意図は明かされなかった。

幹雄が観戦した試合で別格のプレーを見せても、Aチームにはなかなか上がれなかった。大地との一件を後悔していた幹雄は、大夢の愚痴を聞くだけでなく、一緒になって愚痴を言った。

そんな折、LINEのメッセージに既読がつかず、大夢と1カ月近く連絡がとれないことがあった。そのタイミングで幹雄の父が亡くなり、幹雄の実家がある鳥取県に家族が久々に集まった。そこに現れた大夢の髪がすごく伸びているのが気になった幹雄は、その髪をかき上げてみた。すると、そこにはストレスによるたくさんのニキビ。やつれた姿を家族に見せたくなかったので、髪の毛で隠していたのである。

幹雄は、「死んだおじいちゃんが大夢に会わせてくれたのかなと思いました」と振り返る。そして、皮膚の薬を買いに薬局へと走り、その日の夜には、「大夢、ごめんな。一緒に愚痴ばかり言っていたけど、最後の1年間は先生の言うことを信じて頑張っていこう」と語りかけた。

その姿を見た大地に「おとうさん、すごく変わったね。大夢には甘いね」と言われたが、それは大地を突き放した後悔からとった行動だった。

「僕は子育てにおいて反省しかありません。大地のときも反省。大夢のときも反省。大夢のときは、（大夢に）寄りすぎてダメでした」（幹雄）

3年生でようやくレギュラーになった大夢は、冬の選手権でのベスト8入りに貢献した。その前の夏には「大夢のチームになりました」と藤島に教えてもらい、とてもうれしく感じた。中学生になるタイミングで愛媛県から出たため、「大夢と何を話していいかわからない」と語っていた大地も、大夢の選手権出場を大いに喜んだ。

大地が2年生になると、私生活に大きな変化があった。1年生のときは学校近くの寮で暮らしていたのだが、2年生になるタイミングで兵庫県尼崎市に引っ越した。幹雄が神戸市に転勤することが決まり、一緒に暮らすことにしたのだ。

大地が学校に通える場所にしようという話になった。兵庫県内のJRの駅で最も京都府寄りにあり、新快速も停車する尼崎を選択。2人での新生活がスタートした。

幹雄は、高校生活のすべてをサッカーにかける大地を懸命にサポートした。慣れない料理づくりに励み、週末になると、試合会場に足を運んだ。この頃には、大地に注目するJクラブのスカウトが現れ始めていた。

「2年生の年が勝負」と話していた2人はプリンスリーグ関西の得点者一覧を書き出し、目に見える結果を意識した。その意気込み通り、この年の大地は得点王とアシスト王を獲得した。

「全国大会に行って、去年の西京極の借りを返すしかない」と張り切った6月の全国高校総体予選は決勝で洛北高校に敗れ、勝てば2年連続だった本大会出場を逃した。北村がケガにより、大会前に戦線離脱。「点を入れるなら、フォワードやトップ下の方がいいけど、（北村不在の）この状況では、僕がノン君（北村）の代わりにボランチをやるしかありませんでした。ルーズボールをしっかりと拾おう、ボールが前でしっかりと収まったときは、うしろからサポートに入ろう。そこから仕掛けられるなら、自分で仕掛けようと考えました」という大地は、慣れないポジションに苦戦しながらも、守備で懸命に汗を流した。

準々決勝で京都橘高校を下し、前年度の選手権予選決勝で負けた借りを返したが、決勝で敗北を喫した。大地は、「去年から試合に出ていたのは僕とノン君だけだったので、ノン君を絶対に全国大会に連れていきたいと思っていました。そのノン君の分までとの思いがあったので、最後の方はプレッシャーでやばかったです」と悔しそうに話した。

大地が在籍していたときの東山高校は、確かな力を持ちながらも、大一番でなかなか勝てずにいた。勝負強さが足りなかった。

7月にプリンスリーグ関西で京都橘高校と対戦した際は、大地の2ゴールなどにより、5－0で快勝した。続く9月の一戦では、直後に行われる選手権予選を見据えた東山高校が主力を温存し、逆に0－5で大敗。しかし、試合内容では大きく上回った。

東山高校の誰もが、選手権の本大会出場を目指し、必死に頑張っていた。その一方で、勝てるだろうという気の緩みが、どこかにあったのかもしれない。肝心の選手権予選は、京都橘高校に敗れてしまった。

勝ち上がった両校は、準決勝で対戦した。この年4度目の対戦となった一戦は、オウンゴールを皮切りに失点を重ね、0－3で涙をのんだ。悔しさを味わった会場は、またしても西京極だった。

ちなみに、大地がその次にこの場所を訪れたのはプロ1年目の8月だった。年代別代表に初選出され、西京極で行われたU－22日本代表の短期合宿に参加したのだ。大地は、「ここでプレーするのは、高2の選手権（予選のとき）以来。ボコボコにされたので、いい思い出はまったくありません」と苦笑いしていた。

選手権出場は逃したものの、チームはプリンスリーグ関西で3位に入り、高円宮杯U－18サッカープレミアリーグ（以下、プレミアリーグ）参入戦行きの切符をつかんでいた。そのため、選手権予選で負けてからも活動を続けた。ただし、選手権出場という大きな目標を達成できずにモチベーションを失った3年生は、高校サッカーから引退することにした。つまり、1、2年生のチームでプレミアリーグ昇格を目指すことになったのである。選手権に出られなかった悔しさはあったが、残った下級生たちは、自分たちの代で挑めると前向きな気持ちで臨んだ。

4チームで争ったトーナメントは厳しい戦いが続いた。GK蔦颯（現在はヴァンラーレ八戸）や2年生ながらもエースナンバー14を背負うMF鈴木徳真（現在はセレッソ大阪）を擁する本命の前橋育英高校（群馬県）、選手権で4度の優勝を数える古豪の藤枝東高校（静岡県）、さらには帯広北高校（北海道）と難敵がそろっていた。

1回戦は延長戦にもつれ込んだが、先制点と3点目を奪った大地の活躍により、3－1で帯広北を振り切った。決勝（2回戦）の相手は藤枝東高校。年代別代表に選ばれていたGK長沢祐弥（現在は東京ヴェルディ）が、守護神として君臨していた。

「（藤枝東高校が）1回戦で前橋育英にPKで勝った試合を映像で見ましたが、これを子どもらに見せたらアカンと思うくらいレベルが高かったんです。実際にホテルで見せませんでした」（福重）

実力差がそれほどあり、事実、立ち上がりから押し込まれる時間が続いた。しかし、粘り強い守備で失点を回避し、迎えた後半27分に先制ゴール。自陣からのFK

のボールに対し、大地がヘディングで競り勝った。大地はこぼれ球を拾ったチームメイトからのリターンを受けたあと、落ち着いてゴール右隅に決めてみせた。さらに、試合終了間際に追加点が生まれた。大地のパスがきっかけとなり、ダメ押しの2点目。そのまま、2-0でタイムアップの笛が鳴った。

「3年生のプレミアリーグでも点を結構取りましたが、あのとき(プレミアリーグ参入戦)が一番喜んでいるように見えました」(中村)

1、2年生のチームでのプレミアリーグ昇格は快挙と言っていいだろう。しかし、福重には、喜びとともに少しばかりの後悔などがあった。

「藤枝東はそのあとの選手権で京都橘と当たることになっていました。ですから、(同じ京都勢である)東山の1、2年生チームには負けられないというプレッシャーがあったと思います。やりにくさが絶対にあったでしょう。

万が一のことがあるとは考えていましたが、組み合わせを見たときはいけるとは思いませんでした。うれしかった一方で、3年生が一緒だったら、また違う成長があったかもしれないと今でも考えます。それと、下級生だけでプレミアリーグにいけたので、自分たちの学年は強いんだと勘違いした部分がありました」（福重）

「自分たちは京都橘というライバルがいたおかげで成長できました。すごく感謝しています」

福重にとって、今でも忘れられない出来事がある。

２０１４年1月30日、43歳の誕生日を迎えた福重に向け、部員からのプレゼントとして、缶コーヒーと１枚のＤＶＤが大地から手渡された。選手たちの祝福コメントが入ったＤＶＤには、「1、２年生のときは本当に大嫌いな先生でした。でも、今は先生を全国に連れていって、有名にしたいです」という大地の言葉もあった。

結果的には2年生のときに続き、３年生のときも全国大会とは縁がなかったが、このコメントには、「大嫌い」だった福重に対する心境の推移が見てとれる。大地は、のちにこう語った。

「1、2年生のときは、言われたことに対して納得できなくて、先生がいないところで文句ばかり言っていました。言い方に腹を立てていましたし、先生の言葉をしっかりと受け止めていませんでした。それで、誕生日のときに『大嫌い』だったと言いました。

でも、3年生でキャプテンになって、先生との距離が近づけば近づくほど、いろいろと考えてくれていることがわかりました。今は、先生がちゃんと見てくれていることをみんながわかっています」

DVDでの大地のコメントに対し、福重は、「あれくらいストレートな方がいいですし、嫌いだった気持ちはわかります。僕自身、自分が嫌いです」と冗談交じりに話した。

そして、自身の高校時代を振り返った。

「（自分も）先生の指導に納得がいかなかったけど、信じてついていった結果、成功しました」

高校生活最後の年のチーム立ち上げに際し、大地は「僕がやります」と自分でキャプテンに立候補した。チームメイトの多くは、リーダーシップを持つ別の選手がキャプテンになるだろうと予想していた。大地の意外な行動には、福重も驚いた。

福重は、キャプテンに必要な資質を選手たちに提示していた。

1．チームメイトに尊敬されること
2．選手としての経験が豊富であること
3．仲間との話し合いができること
4．監督の戦略やアドバイスを理解し、それをほかの選手に伝えられること
5．苦しいゲームでも自信を失わないこと
6．嫌なことでも率先して引き受けること

ジュビロ磐田でもプレーした元ブラジル代表キャプテンのＭＦドゥンガが、キャプテンの資質について、何かのインタビューで話していた。それに影響された「6

カ条」で、これらを備える選手が理想のキャプテンだと考えている。

高校時代の大地は「1」と「2」についてはあてはまるものの、それ以外の点には「合格点」をつけられない選手だった。「3」に関しては、仲間と話すことはできても、『話し合い』はできなかった。「4」に関しては、東山のサッカースタイルすべてを受け入れているわけではなかった。

決して、キャプテン向きではなかった。最終的に、大地がキャプテンになるのだが、それは「賭けでした」(福重)。

「これまで積み上げてきた東山の一生懸命さや真面目に努力する精神が、お前のせいで崩れるかもしれないぞ」

福重は大地にそう話したが、大地の決心は変わらなかった。

「僕の理想を求めていけば、大地がプレーヤーとして変わるんじゃないかとも思いました。実際、『嫌なことでも率先して引き受けること』に関しては、ガラッと変わりました。

でも、何よりもすごくうれしかったのは、あいつがキャプテンに名乗り出たことです。彼が成長するため、夢や目標を達成するためには必要なことかなと考えて、最後は了承しました」（福重）

大地がキャプテンになることが決まったあと、大地を中心に、部のルールを見直した。例えば、それまでいい加減になっていた学校内でのスマートフォン禁止のルールについて、大地が「ちゃんとやろう」と徹底させた。キャプテンがみんなのスマホを集め、始業時の8時15分に福重のところに持っていくルールは、部の伝統として今も続いている。また、オフの月曜日に全員が集まり、1時間ほど自主的に練習するようになった。これも、大地の発案。ウオーミングアップでのブラジル体操を廃止し、小さいボールを使ったフリードリブルを行うようにもなった。

キャプテンとしての仕事を続けるうちに、チームの中心選手としての意識が高まった。メンタルの部分が変わっていった。

「3年生になってからは、『ラスト1年だから』と言って、ほぼすべてをサッカーに捧げていました。高校サッカーのキャプテンと聞くと、チームに声をかけて支える精神的なリーダーが思い浮かびますが、大地の場合は、支えるというよりは、一番前で引っ張ってくれるタイプでした」（中村）

大地自身も変化を感じ、3年生のときの春先には、こんな言葉を残している。

「まだ、試合中に文句を言ってしまうのはダメですけど、我慢して一発のチャンスで決め切るのとかは、（高校に）入った当初はなかったことです。今年は自分が試合を決めたいと考えています。精神的に我慢することをちょっとずつ覚えているのかなと思います。

先生は、大事な試合のときや自分たちが沈んでいるときに、すごく声を出してくれます。普段の練習試合ではすごく怒るけど、大事なときにチームを支えてくれているので、こっちもその期待に応えなければいけないと常に思っています。今年は先生を選手権に連れていって、東山を本当に有名にしたいです」

自身の内面的変化とともに、大地への注目度がどんどん増していた。2年生のときにJクラブの練習に初めて参加したことや、プレミアリーグ参入戦で活躍したことで、大地に対する他チームの警戒心も強まっていた。

「このチームが全国大会に行くには、自分がどれだけできるかが大事になると思います。去年の選手権は、マークが厳しくて、間が消されて、ボールに触る時間が少なくて、何もできずに終わる試合が多かったです。今年はいろいろな人に知られてきて、2月、3月の遠征ではマンマークが多かった。でも、そういうことを大きな大会の前に経験できているのが、去年との違いです。先生には、『そこで工夫や我慢をしろ』と言われています。もっと成長できたらいいなと思います」（大地）

　ゴールを奪えない時期があったが、春休みの遠征で調子を上げ、迎えた京都橘高校とのプレミアリーグ開幕戦では、1－0の勝利を収めた。大地が前半に奪ったゴールが決勝点。ところが、試合後の大地に笑顔はなかった。

「開幕戦で勝てたのはチームとしてはいいことですけど、個人的にはまったくうれしくありません。勝ったうれしさ以上に、（内容が）よくなかったという気持ちの方が強いです。

京都のライバルチームに押し込まれて、自分たちが攻撃する時間が少なかったです。初戦の硬さとか、いつもとまったく違うのはわかるけど、みんな萎縮していました。そういうプレーが、僕らがいつも大会で力を出し切れない部分に出てくるんだと思います。これくらいのプレーしかできなかったら、プレミアリーグでは戦っていけません。もっと強くならないといけません」（大地）

実際に、開幕戦以降は、勝てない時期が何カ月も続いた。次に勝ち点3を獲得したのは11月。最下位に低迷し、1シーズンでの降格が決まった。

Ｊクラブアカデミーのチームと高体連のチームとの力の差は歴然だった。高体連のチームが組織力で粘り強く戦おうとしてもなかなか難しく、Ｊクラブアカデミーからプロ入りすることになる選手のワンプレーで勝敗が決する試合が数多くあった。

東山高校の戦い方自体も、勝てなかった理由の1つかもしれない。

「プレミアリーグに残留したかったですけど、それ以上に、選手権に出たい気持ちがありました。プレミアリーグは45分ハーフですが、選手権は40分ハーフ。ですから、プレミアリーグの試合でも、『40分ハーフだと思って頑張れ』と言っていました。『ラスト5分とか10分で追いつかれてもいいから、負けてもいいから』とハッパをかけていました。

残留を目指して勝ち点1でも拾うサッカーをやっていたら、もう少しうまく戦えたかもしれません。とにかく前から行かせた結果、大量失点の試合が多くなりました」（福重）

当時の大地は、「プレミアリーグでも戦えないわけではないと感じています」と話していた。しかし、京都橘高校に辛勝したあとは、ほとんど勝てなかった。

「京都橘には、毎年やりたいことをやられています。僕らは負けるのが怖くて、シンプルなプレーばかりしているけど、そのままでは東山として変われません。いつか変わらなければいけないし、それなら、僕らの代で変えたいです」

そう考えた大地は、4バックから3バックへのシステム変更と自身のボランチ転向を福重に直談判した。福重は、チームのことを第一に考えて必死に取り組んできた大地の意見に耳を傾けた。大地の要望に応じたが、受け入れない部分もあった。

大地はピッチ外での取り組み方を見て、「この選手はダメだから、外してほしい」といったことも伝えてきたが、選手起用に関する希望には一線を引いた。「ダメなら、お前がなんとかしろ」と返し、キャプテンとしてのさらなる自覚を促した。

大地は、サイドハーフでプレーするなど、試行錯誤を繰り返していたが、それでもリーグ戦18試合で10ゴールをマークした。これは、京都U-18のMF奥川雅也(現在はビーレフェルト＝ドイツ)と並ぶ、得点ランキング4位の数字。のちに「選手権に出ていたら、得点王になれたと思います」と口にするほど、大地は自身のプレーに手応えを感じていた。

中村は、当時の大地のプレーについて、こう話す。

「チームはなかなか勝てませんでしたが、大地のパフォーマンスはずば抜けていました。勝てないから何かを変えるのではなく、やってきたことを常に徹底してやり続けようとしていました」

最終的に、東山高校はプレミアリーグでわずか2勝しかできなかった。しかし、キャプテンには不向きと思われていた大地を中心に、まとまりがあるチームへと成長した。

「大地の技術や努力をみんながリスペクトしていました。大地以上に努力している子もいましたが、大地がそれを見習ってさらに努力するのをみんなが見ていました。チームがバラバラになるようなことはありませんでした」（福重）

とはいえ、リーグ戦での不振で勝ち癖をなくしたチームは、全国高校総体の予選も選手権の予選も落とした。ともに、ベスト8で敗退するという思わぬ結果に終わった。

「結果的には、選手権予選をとるために、（『40分ハーフだと思って頑張れ』という）時間設定をしたのが、よくなかったのかもしれません。『プレミアリーグで戦うと、守備は強くなるが、選手権予選になると、攻め方を忘れている』と当時よく言われていましたが、僕は（うしろで引いて守ることなく）前から行かせていました。でも、結果的には、攻撃も守備も中途半端になってしまいました。攻撃力がなくなって、守備でも自信をなくしていました」（福重）

選手権予選の準々決勝は、京都橘高校に2－3で敗れた。大地は、ロッカールームで涙をこらえるように天井を見つめていた。その姿とともに福重の脳裏に焼きついているのは、試合終了直後の大地の言動である。京都橘高校の保護者と控え部員がいるスタンドに出向き、こう言った。

「自分たちは京都橘というライバルがいたおかげで成長できました。すごく感謝しています」

福重は驚きを隠せなかった。

「負けたチームの18歳の選手が、勝ったチームの保護者たちに言える言葉ではありません。普通なら、礼をして、『僕らの分まで頑張ってください』と言う程度。大

地が人間的に成長したと思える一言でした」（福重）

プレミアリーグのゲームが3試合残っていたため、すぐさま練習を再開した。しかし、ボールを蹴りながら泣き始める選手がいるなど、メニューをまともにこなせる状態ではなかった。

次のサンフレッチェ広島ユース戦は、メンタル面を切り替えることができないまま、0－1で敗れたが、続く京都サンガF.C.U－18戦は「気持ちが吹っ切れたと言いますか、肩の荷が下りた状態でした」（中村）。奮闘したチームは、後半17分に大地が挙げたゴールなどで2－0で勝ち、開幕戦以来となる勝ち点3を記録した。

高校時代は、全国大会のピッチに1度も立てなかった。悔しさだけが残る3年間だったかもしれないが、大地が大人のサッカー選手に近づいたのは間違いない。

「東山に入って、人を見る物差しが増えたと思います。ガンバ時代は、サッカーがうまいか下手か、それしか基準がありませんでした。自分がベンチにいる試合では、チームの調子が悪ければ、自分にチャンスがある、だから、チームの調子は悪い方がいいみたいな感じでいました。でも、東山に入って変わりました。AチームからCチームくらいまである中で、BチームやCチームの選手の方が自主練を熱心にやっていたので、自分もやらなければいけないという気持ちになっていました」

そう振り返るのは、間近で見守ってきた幹雄である。

誰からも愛される生徒に成長。「高校サッカーを通じて大人になったなという感覚があります」

1年生の全国高校総体予選の際、幹雄は、「蹴ってばかりのサッカーで周りがパスをくれないから、大地がすねていた」との連絡を福重から受けた。大地にそれを話すと、「違う。自分のプレーがうまくいかないのが不満だった」と反論。スタンドから部員に応援されながらのプレーを初めて経験した大地は、試合に出たいのに応援してくれている部員たちの前で期待に応えられなかった自分に対し、苛立っていたのだ。

「外に向いていたベクトルが、自分に向き始めた、その一歩かなと思いました」（幹雄）

東山高校は、練習グラウンドと学校が離れているため、朝練を行う文化がなかった。しかし、大地が高校3年生になってから、BチームとCチームが校内にある土のグラウンドで朝練をするようになった。

一生懸命にうまくなろうとするチームメイトの姿を見た大地は、試合に出ている人間が出ていないメンバーよりも努力しないのはよくないと考えた。それからは、毎朝、始発電車で学校に向かい、朝練に取り組むようになった。

朝練では、ただ単にボールを蹴っているだけの選手が少なくなかったが、大地はもちろん違った。セゾンFC（滋賀県）からやってきた技巧派として知られる選手を捕まえては、ドリブルの練習方法を教わった。

大阪体育大学の選手とトレーニングを行う機会があったが、その際は、「これは使えそう」と言って、知らなかったメニューを自分のものに加えたことがある。少しでもうまくなるために、吸収できるものはなんでもどんどん吸収するスタンスは、今も変わらない。

また、放課後に行う全体練習のあとは、グラウンドの照明が落ちるまで、ボールを蹴り続けた。足におもりをつけての坂道ダッシュにも励んでいたため、家に帰るのは夜の10時を過ぎてからだった。

「自主練で遅くなると、『お前の家に泊まってもいい?』と、よく聞いてきました。僕の家でご飯を食べて、朝練やって、学校に行くというサイクルが2、3日に1回くらいありました。2人ともいつも疲れていたので、すぐに寝ていました」(中村)

そんな大変な毎日だったが、大地は、「試合に出られない選手が頑張っているから、俺もやらなければいけない」と手を抜かなかった。

学校生活においても、常に一生懸命だった。日々の部活動の疲れで授業中に寝ている生徒がいる中、大地はちゃんと起きていた。体育理論の授業では、サッカー部が取り組むウエートトレーニングのメニューを率先して考えていた。球技大会では、運動が苦手な生徒と一緒にボールを追いかけた。

大地は、誰からも愛される生徒になっていた。1年生と3年生の運動部員による合同授業の際に行っていたサッカー部の紅白戦では、ほかの部の生徒が応援し、盛り上げてくれた。

幹雄には、うれしい思い出がある。サッカー部の卒団式で、こんなことがあった。

「Cチームの子の親御さん2人が僕のところに来ました。『(練習が)厳しかったので、うちの子はサッカー部をやめようと思っていました。でも、キャプテンの大地君が一緒に頑張ろうと言ってくれたおかげで、最後まで続けられて、きょう、ここに来ることができました』と涙ながらに話してくれたんです。

以前だったら、Aチームのレギュラーにしか興味がなかった人間が、そういう人とも関われるようになりました。一緒に朝練していたんでしょうね。人としての幅が広がったように感じました。今も、日本に帰ってきたら、Aチーム以外の子も集まってくれます。頑張れる力を福重先生にもらったのかなと思います」

卒団式に行く前には、「お世話になりました。おとうさん、おかあさん、好きなものを買ってください」と、加入先であるサガン鳥栖からの準備金全額を幹雄に渡した。

「『そんなのいらない』と返したのですが、あいつなりの気持ちだったと思います。『親孝行したい』と今も言ってくれます」(幹雄)

大地にとって、東山高校での3年間は特別な時間だった。だからこそ、鳥栖への合流予定をわざわざ遅らせた上で、卒団式の途中まで参加したのである。

高校時代から間近で見てきた中村が感じる大地のすごさは、目標に向かって進み続ける向上心である。

「鎌田大地という人間は、技術もすごいですが、メンタリティーがすごいんです。明確な目標が常にあって、それに対して真面目ですし、満足しません。すごく貪欲です。心が折れる瞬間があるとは思いますが、弱音を吐きません。そのあたりは、プライドかなと感じます」

福重は、「大地を育てた」という表現を嫌う。

「『育てた』なんて、おこがましくて言えません。僕はそんなにすごい指導者ではないので、『関わった』、『携わった』としか言えません。東山のような弱いチームに、大地みたいな選手が来てくれてよかったです」

この言葉からは、指導に対する信念と選手への思いが感じられる。

「大地は高校サッカーを通じて大人になったなという感覚があります。3年間で、そこが一番大きく変わったところです。サッカー選手が持っているものを持っていましたし、プレーの精度が上がりました。でも、精度に関しては、プロになってからの方が上がっています。

高校では、人としての部分の伸びがすごくありました。僕は、サッカー選手にはそこが大事になると思って指導しています。人としての部分は関係ないと思っている指導者もいますが、それはそれでかまいません。でも、僕は、人として成長しなければうまくならないと思っています。神様は絶対に見てくれているという考えで常にやってきました。

高校時代は『何くそ、ボケ』と言っていたとしても、いつかわかってくれる子がいてくれると思います。『僕のことを尊敬しろ』とか『恩師だと思え』ではなくて、どこかのタイミングで、あのとき、おっさんがそんなことを言っていたなと思い返してくれるだけでいいんです。それが教育者や指導者としての仕事ですし、それが嫌なら、プロの監督やコーチをやっていればいいでしょう」

そう言って笑う福重を大地は恩師だと思っているはずである。

第3章の主な登場者プロフィール

福重良一

(東山高校監督)

ふくしげ・りょういち◎1971年1月30日生まれ、和歌山県出身。和歌山工業高校と大阪体育大学でセンターバックとして活躍。大学卒業後は京都パープルサンガ(現・京都サンガF.C.)に加入した。大塚製薬(現・徳島ヴォルティス)で引退して指導者になり、初芝橋本高校でコーチと監督を経験。東山高校に移り、コーチを務めたあと、2012年から指揮を執る

中村太郎

(東山高校時代のチームメイト)

なかむら・たろう◎1996年7月20日生まれ、京都府出身。GKとしてプレーし、京都JマルカFCから東山高校へ。高校3年時には、大地とともに高円宮U-18サッカープレミアリーグWESTに出場した。北陸大学進学後に教員を志し、大学卒業後、東山高校に赴任。2年間教鞭をとると同時に、GKコーチを務めた2020年からマネージャーとして大地をサポートする

東山高校では 1年時から試合に絡み、2年時には Jクラブのスカウトに注目される存在へと成長した ©森田将義

高円宮杯 U-18サッカープレミアリーグWESTに参戦した東山高校をけん引。取材を受けることが多くなった ©森田将義

東山高校で行われたサガン鳥栖への加入内定会見。写真右端が東山高校の福重良一監督 ©森田将義

第4章

サガン鳥栖〜フランクフルト時代

東山高校（京都府）で名を上げた大地は、卒業後、サガン鳥栖に加入した。
そこで、のちに「恩師」と呼ぶ指導者に出会い、ヨーロッパへの道を切り開いた。
海外でも日本でも変わらずに自分を出して評価を高め、
日本代表としてワールドカップへ。
今や、世界中のクラブが注目する存在になっている。

救いの手を差し伸べたサガン鳥栖。
「自分が成長するには一番の場所だと思いました」

高円宮杯U－18サッカープリンスリーグ関西（以下、プリンスリーグ関西）での活躍が目にとまり、大地は、高校2年生だった2013年の秋に清水エスパルスの練習に参加することになった。初めて触れたプロの世界だったが、普段と変わらないプレーを披露し、清水の強化部長だった原靖（現在はFC町田ゼルビアフットボールダイレクター）らを驚かせた。

その練習を見た東山高校（京都府）の福重良一監督は、「3年生のときに（プロチームの）練習参加に行かせた選手はそれまでに何人もいましたが、彼らは最初は緊張して、あまりいいパフォーマンスを出せませんでした。でも、大地は2年生なのに東山でやっているパフォーマンスを出せていました。やっぱり、すごいなと思いました」と感心した。

練習が終わると、福重は清水の監督だったアフシン・ゴトビに呼ばれ、「今すぐ、清水に来てくれ」と言われた。それくらい、大地のプレーが気に入ったわけだ。ところが、翌2014年7月にゴトビが成績不振で解任されたことにより、清水入りの話は流れた。

さらに高校3年生の春には、セレッソ大阪の練習に参加した。古巣であるガンバ大阪の練習にも行った。清水のときと同様に持ち味を発揮したが、人見知りが顔をのぞかせるなど、ピッチ外の部分が原因となり、獲得のオファーは届かなかった。

当時は、守備時の運動量などに課題があった。そのため、高校卒業時点でのプロ入りは難しい、大学に行くべきだとの声が多かった。しかも、父・幹雄の母校である大阪体育大学が熱心に誘ってくれたが、大地自身は進学を考えず、こんなことを言っていた。

「将来の目標は(UEFA)チャンピオンズリーグで優勝することです。(日本から)海外に行くのは、ほとんどが高校卒でプロになった選手。大学からプロに入るようでは遅いと思います」

幹雄には、「（もしも）大学に行ったら、真剣にはサッカーをやらない」と話した。そんな大地の背中を幹雄は押した。

プロサッカー選手の平均引退年齢は26歳である。スパイクを脱いでからの人生の方が圧倒的に長い。子どもの将来を考え、プロからのオファーを蹴ってでも大学を勧める親が少なくない。しかし、幹雄の考えは違った。

「私たちが唯一やったのは、大地の邪魔をしないことだけです。『ＪＦＡアカデミー（福島）に落ちたんだから、愛媛県でやっておけよ』とは言いませんでしたし、『（ガンバで）ユースに上がれなかったのに、プロになんか行けるわけがないだろう』とも言いませんでした。大学のこともそう。大学の選択肢を全部捨ててプロを目指した大地を応援しました」

幹雄は、仕事柄、時代の移り変わりとともに、さまざまな人たちの人生を見てきた。そういう環境からたどり着いた考え方なのかもしれない。

「僕らの頃とは、時代も社会も変わりました。50代の僕が過ごしたのは、高度経済成長が終わった安定期。いい大学に入って、いい会社に入って、終身雇用で出世して、という時代でしたが、あの頃、当たり前だった働き方が今は崩れて、生き方が多様化しています。何が幸せかわからない時代です。

生きる力、考え方、幸せは、人それぞれで違いますし、大学を出たからと言って、安泰の時代ではありません。大企業に勤めても、その会社が将来どうなるかは誰にもわかりません。大学に行くとさまざまな経験ができますが、それがイコール幸せではありません」（幹雄）

とはいえ、我が息子のこととなれば、心配も頭をよぎる。弟の大夢の場合、高校3年生のときに届いたオファーはJ3の福島ユナイテッドFCからだった。将来を考えた幹雄は、関東の強豪大学への進学を勧めた。すると、大地から電話があった。

「おとうさん、ブレてるんじゃない？　大夢は何がしたいの？」

「プロになりたいと言っていた」と幹雄が返すと、キッパリとこう言った。

「大学に行ったら、プロになれるの？　なれるかどうかわからないなら、やりたいことをやった方が後悔しない。一生懸命、頑張ったほうがいい。俺は、リスクを冒して今がある。大夢もリスクを冒さないと、将来はないんじゃない？」

大地の言葉で気づかされた幹雄は、大夢に将来の夢を確認してみた。「プロになりたい」との返事だった

大夢は、2年生のときはBチームだった。そのため、サッカーのことをよく理解していない担任の先生との三者面談で、「現実を見てください」と言われた。

しかし、大夢は夢を追い続けた。そして、幹雄はその応援を続けた。

「大学に行きなさいと僕が押し通していたら、大夢との関係が終わっていたと思います」（幹雄）

Jクラブへの練習参加を重ねながらも、行き先が決まらない大地に救いの手を差し伸べたのはサガン鳥栖だった。5月に行なわれた高円宮杯U－18サッカープレミアリーグ（以下、プレミアリーグ）の試合を見たスカウトの牛島真諭（現在は鹿

島アントラーズスカウト）が一目ぼれした。複数のJクラブがすでに興味を示していたため、様子見で動かずにいたのだが、夏になっても進路が決まらないことを知ると、福重に連絡をとり、練習に招いた。

「得点感覚がありますし、パスセンスも感じられます。練習参加した際には、プロ相手にもポテンシャルの高さを見せてくれました。今のうちの選手にないものを持っていて、可能性を秘めた選手だと感じました」

鳥栖の永井隆幸強化部長がのちの内定記者会見でそう語った通り、高い評価を受けた。ただし、声の小ささなど、プレー以外の部分が原因となり、現場からのゴーサインがなかなか出なかった。

大地の可能性を信じた牛島の働きかけにより、さらにもう1度、練習に参加したが、オファーにはまだ至らなかった。しかし、牛島が永井を連れて視察に訪れたプレミアリーグの東福岡高校（福岡県）戦でのパフォーマンスが最終的な決め手となり、鳥栖入りが内定した。苦難の末につかんだプロ入りだったが、大地にとって、鳥栖はベストのチームだったと言えるだろう。

「ガンバやセレッソに行ったら苦労するけど、鳥栖ならチャンスがあると思いました。サッカーに打ち込める環境の方がいいですし。都会のチームに行って勘違いしたら、ダメになると思っていました」と振り返るのは福重である。

当の大地は、「課題である戦う部分やハードワークする姿勢が鳥栖にあるので、成長するには一番の場所だと思いました。プロの世界では、まだまだ下の選手。今から行く世界は甘くないですけど、東山の名に恥じない選手になりたいです」と会見で話した。

大地にとって何よりも大きかったのは、鳥栖で森下仁志（現ガンバ大阪スタッフ）と出会えたことである。「仁志さんと出会えていなかったら、今の自分はありません」と口にするほどの恩師。自身の結婚式で乾杯のスピーチを頼んだほど、恩義を感じている。

当時の森下は、京都サンガF．C．のコーチから鳥栖の監督になったばかりだった。

「高校卒で入る鎌田大地という選手はガンバのジュニアユース出身です」と牛島から教えられ、親近感が湧いた。自身が順天堂大学卒業後にガンバでプレーしていたからである。

森下は、大地のプレーを初めて見た際の印象をこう語る。

「本当にうまくて、いい選手だなと思いました。今もまったく失われていない部分ですが、プレーの間合いがいいんです。そこは指導者が教えられない要素。今も小学生のセレクションでは間を持っている選手を探しますが、なかなか見つかりません。大地は相手を操ると言いますか、特有の空間を持っていて、その間がいいんです。体はまだヒョロヒョロで、フィジカル的な強さも秀でたスピードもなかったですが、間を見た瞬間にほれ込みました」

「大地はいろいろなチームの練習に行ったけど、どこにも引っかからなかった。やる気があるのかないのかわからないから、ガンバを含めて獲らなかった」と牛島から聞いていた。しかし、「そんなことはまったく気にしませんでした。(獲得する

クラブがなくて、むしろ）すごくラッキーだと思いました」（森下）

「癖があってもいいんです。癖というよりは持ち味だと思います」

当時の鳥栖は、走力を前面に押し出すスタイルで、エースＦＷの豊田陽平（現在はツエーゲン金沢）にロングボールを入れるサッカーをやっていた。森下が監督に就任したのは２０１５年。その前の２０１１年から２０１４年の途中までは、鳥栖のＯＢである元韓国代表ＭＦの尹晶煥が、チームの指揮をとっていた。

尹晶煥は２０１４年の8月にチームを去ることになったが、その時点でチームは首位に立っていた。異例の退任だったが、クラブ側は強化方針の違いによる契約解除と説明。コーチだった吉田恵が監督に昇格し、最終的には5位でシーズンを終えた。そして、続く２０１５年の新指揮官として、森下に白羽の矢が立ったのである。

る。

森下は、自身の現役時代にガンバが目指していた、パスワークによって主導権を握るサッカーへの転換を図った。尹晶煥体制のサッカーに適した選手が居並ぶ中、足元の技術とパスセンスに長けた大地の存在は、森下にとってありがたかった。その意味では、森下にとっても、大地との出会いは大きかった。

「大地がいなかったら、スタイルの変更に踏み切れませんでした」と振り返る森下は、キャンプの時点で、「大地を試合で使う」と地元紙の記者に明言していたが、開幕からの起用には慎重だった。

「大地には、フィジカル的な難しさがありました。それに、(積み上げてきた)確固たるスタイルがチームにあったので、大地をすぐに使うのは難しいと考えました。勝ち点を取らなければいけないということもあります。ですから、チームのスタイルをうまく変えていきながら、その中で彼を活かそうと思いました。

大地をどう使うか、ゲームの中で彼が輝ける瞬間はいつなのかといったところから、試合のプランを練っていきました。試合で徐々に起用しながら、1年かけて、彼をチームの中心にしようと考えました」

クラブ予算がJ1勢の中では少ないことを考えると、鳥栖が目指すのはJ1残留が妥当だった。2015年のシーズン開幕当初は、尹晶煥体制の中心メンバーを軸とし、尹晶煥がやろうとしたサッカーによって、残留に必要な勝ち点を重ねようとした。4勝2敗でスタートした中、メンバーにまだ加えなかった大地に対しては、課題を克服させるためにコミュニケーションを欠かさずに図った。課題の1つは、感情のコントロールだった。

「サッカーは、判断して、アクションを起こして、ボールを扱う競技です。判断の前には必ず感情が入りますが、感情が判断を上回ってしまうと、ミスにつながります。

負けん気はもちろんすごく大事で、負けん気がない選手は世界のトップには行けないと思っています。ただし、感情の出し方を自分自身で知ることが、すごく大事になります。燃える気持ちがあっても、それが判断を上回ってしまうとダメ。落ち込むこともそうですし、イライラすることもそうです。やってやるぞという気持ちさえも、判断を上回ってしまうと、冷静さをなくすことにつながるので、難しいところです。チームに入ったばかりの大地は、感情をうまくコントロールできていませんでした」（森下）

そのすべてを大地に説明したわけではないが、自分が置かれた状況から逃げるようでは一流になれないと考える森下は、ほかの選手に対してよりも、大地に厳しく接した。

当時のJリーグは、出場機会が少ない22歳以下のJ1およびJ2の選手をJリーグU－22選抜として集め、J3に参戦させていた。試合直前に集合して試合に臨むため、連係はままならなかった。

そのJ3で、大地はプロとして初めてとなる公式戦のピッチに立った。3月21日に行われた第2節、レノファ山口FCとのアウェーゲームだった。

試合は、前半のうちに3点を許し、後半にも失点を重ねた。大地は、5点のビハインドを負っていた後半25分から登場。しかし、思い通りのプレーはできず、チームは最終的に0－8で敗れた。

Jリーグ U－22選抜の指揮を執ったのは高畠勉である。大阪体育大学で幹雄の1学年上だった高畠は、初対面の大地に、「おとうさんと一緒にサッカーをやっていたよ」と声をかけ、コミュニケーションをとろうとした。ところが、大地の返事は素っ気なかった。

高畠は、そのやりとりを幹雄に連絡した。幹雄は出場時間がわずかだったこともあったので、大地に「ちゃんとやれよ」と電話でハッパをかけた。すると、大地は、Jリーグ U－22選抜と鳥栖に対する心情を話した。

「俺は U－22（選抜）で試合に出たいわけじゃない。鳥栖で出るためにずっと頑張っているんだ。鳥栖は俺のことを必要としていないんだろうか」

大地が感情をコントロールできていなかったことをうかがわせるエピソードであ

る。

シーズン前のアピールはうまくいった。実際、森下からは「今週は試合に出るぞ。準備しておけ」と毎週言われていた。しかし、開幕からベンチ外が続き、今週こそはとの思いでトレーニングに励んでいたタイミングで告げられた山口行き。それは、鳥栖で試合に出られないことを意味した。

試合に出られないイライラでネガティブになった大地の感情は、プレーに表れた。森下は、大地がどんな感情でプレーしているのかを練習中に細かく観察した。前に出ていける場面だったのに、相手が見えた瞬間に逃げるようなプレーを選択した際は、「『怖い』という感情が判断を超えたからだ」と指摘し、変化を促した。

課題は、ほかにもあった。ポジショニングである。

「サッカーにはここぞという場面があって、ベストのタイミングでアクションを起こさなければいけません。（当時の）大地には、その場面をかぎ分ける力がありませんでした」（森下）

高校からプロに進むと、あらゆる点で、レベルが一気に上がる。1歩でもポジションを間違えると、攻撃にも守備にもズレが生じ、ミスを招く。

ポゼッションサッカーへの移行を進めたい森下は、ポジショニングについて、口を酸っぱくして、指導にあたった。大地に関しては、ポジショニングがよくなりさえすれば、一気にブレークするイメージがあった。

「大地には守備力がありますし、走力もあります。みんなは『(大地は)守備ができない』とイメージだけで言いますが、サッカーが上手な選手は、間違いなく、守備がうまいものです。

大地を初めて見たときから、最終的なポジションはボランチと言いますか、セントラルミッドフィルダーだと思っていました。ピッチのど真ん中にいて、攻撃をつくるだけでなく、最後のフィニッシュにも入っていける選手、攻守に絡んでいける選手になれるんじゃないかと感じていました。でも、そういう選手になるには、ここぞという場面で出ていかなければいけませんし、ここぞという場面で戻らなけれ

ばいけません。そこのところの感覚は、大地にすごく求めました」（森下）

大地自身も、森下の期待に応えるべく、成長に貪欲だった。

「サッカーに取り組む姿勢が、ほかの選手とはまったく違いました。僕は練習をハードにやるタイプだと思いますが、大地は、シーズン中であっても、午前中の練習が終わってから、僕のところに『午後も練習していいですか？』と聞きに来ていました。『全然、いいよ』と言うと、グラウンドにボールを出して、ドリブルやシュートの練習を1人でやっていました」（森下）

森下の脳裏には、監督室から見えるグラウンドでドリブルシュートに励む大地の姿が、今でも鮮明に浮かぶ。フィジカルコーチを捕まえて筋トレにも励むなど、とても練習熱心だった大地の姿は、ジュビロ磐田の監督時代に関わったMF山田大記やガンバ大阪U－23の監督時代に携わったFW中村敬斗（現在はLASKリンツ＝オーストリア）と重なる。

「大地は、目指すところから逆算して、今、何をしなければいけないかということがわかっていました。週末のＪ１を何とかこなそうという目線ではありませんでした。

多くの選手が目の前のことに必死になりますが、大地の目線は世界に向いていました。そんな選手はごく一部。目線が先を向いている選手は、世界に行ける選手に自然となるものです。そういう感覚は、僕らの時代の選手にはちょっとわからないと思います。Ｊ１で活躍するためではないんです。大地は、それは当たり前のことであって、世界へ行くための通過点と考えていました」（森下）

大地には、高校時代と同様に、誰よりも努力している自負があった。だからこその行動として、「どうして、僕を使ってくれないんですか？」と森下に尋ねたことがある。

「生意気だと思ったことは一切ありません。自分を表現するのは、すごく大事。今の子は、自分の考えを伝えたり、表現したりすることができません。文句になってはいけませんが、自分の考えはどんどん伝えるべきです。それに対して、うまく返すのが、僕ら指導者の力。感情的ではなく、論理的に返せなければいけません」

森下は、ときに、大地と2人でグラウンド脇のベンチに座りながら、「お前は絶対にやれる」と励まし、真摯に向き合った。自分の考えをハッキリと口にする大地のような選手を厄介だと思う指導者がいるが、森下は違う。むしろ、そういう面がなければ、いい選手ではないとすら考えている。

「ガンバ出身の選手に多いのですが、大地にしても、（堂安）律（現在はフライブルク＝ドイツ）にしても、（宇佐美）貴史（現在はガンバ大阪）にしても、普通の人からすれば、とっつきにくいタイプです。多くの人は、癖がある彼らのようなタイプを敬遠しがちです。

大地は義理堅くて、かわいい子ですが、グラウンドの上では癖を持っている選手でした。でも、癖はサッカー選手にとってすごく大事な要素。癖があってもいいんです。癖というよりは持ち味だと思います」

森下は、癖は大事だと考える。そして、癖を持つ選手は、世界レベルで活躍している。

「アルゼンチンは、癖を持つ選手がいたから、2022年のワールドカップで優勝できたと思います。癖がある選手たちが、国のために、リオネル・メッシのためにと頑張ったから勝てたんです。ワールドカップでの彼らは、死ぬまで走れたでしょう。僕は、それがサッカーだと思います。

とっつきにくさもよさだと思って、指導者が信じて受け入れてあげれば、その選手は絶対に勝負を決めてくれます。そういう選手については、ベンチから怒ってでも奮い立たせなければいけません。すると、すごい力を出します。動きの量が落ちてきたからと言って交代させるのではなく、落ちてきたら、スイッチを入れてあげます。あえてイラっとさせると言いますか、『お前、何してんねん』くらいの言葉をかけます。でも、交代させるつもりはないんです」(森下)

繰り返しになるが、森下は、大地の練習に臨む姿勢は「ほかの選手とはまったく違いました」と感心する。

「日本代表に定着するような選手は、練習をやると、『なぜ?』から始まります。一方で普通のJリーガーは、言われたことに素直に従うだけです。トップトップに行く選手は、なぜ、これをやるのか、その意図をちゃんと知りたがります。なぜ、このルール設定にしているのかを自分で考えます。そして、そのルール設定の逆をとるにはどうすればいいかを考えます。そこが、選手としてのレベルの差になるんだと思います。論理的に考えるのが当たり前だと思っているので、人生設計も逆算して考えられます。ヨーロッパのこのチームで活躍するために、今は何をしなければいけないのかと考えるわけです。常にゴールから逆算して考えているはずで、自分の『生きざま』がすべてサッカーにつながっているように見えます。『生き方』といった軽い言葉ではありません。

そういう選手は、高いところを目指しているので、すごく厳しい状況にたくさん出合います。でも、そこで踏ん張って、考えて、行動を起こします。そういう作業をやり続けるうちに、鎧のような力をつけていくんです。大地もそうですが、日本代表になるような選手には、やっぱりそうだよなと感じさせられます」

「あのスルーパスを通したのを見て、これはモノがまったく違うと思いました」

よき理解者との出会いで成長を続けた大地は、確実にJ1デビューに近づいていた。チームは開幕からの6試合で4勝2敗の成績を残し、勝ち点を積み上げた。ところが、守護神のGK林彰洋（現在はベガルタ仙台）が、ファーストステージ（2015年は2ステージ制）第7節の柏レイソル戦でヒザを負傷し、次の試合から欠場。すると、柏戦を含め、そこから3分け1敗と勢いをなくした。そして、迎えた第11節の松本山雅FC戦で、そのときがついに訪れた。

「悪い流れを変えるために、一発、あいつでいこうかと思いました」（森下）

その前の2試合でベンチに入れながらも出場機会を与えなかった大地に、出番が告げられた。1点を追いかける後半27分から登場。最初のプレー機会で30メートル近いグラウンダーのスルーパスを豊田につなぎ、観客を沸かせた。さらに、試合終了間際には、相手DFのクリアをダイレクトボレーで打ち返し、価値ある同点弾となるプロ初ゴールをマークした。

森下は、チームに勝ち点1をもたらした大地をこう評価する。

「ゴールもすごかったですが、(30メートル近い)あのグラウンダーのスルーパスを通したのを見て、これはモノがまったく違うと思いました。僕は、いい選手をたくさん見てきました。でも、あのスルーパスの衝撃はこれまでで一番のもの。試合で使うのが少し遅かったなと後悔するほどでした」

第12節の名古屋グランパス戦では、両チームスコアレスが続いた残り5分から投入され、アディショナルタイムに豊田の決勝点をアシストした。

「自分の空間と言いますか、空気を持っている選手だなと改めて思いました」(森下)

初スタメンは第17節のサンフレッチェ広島戦で、後半42分までプレーした。続くセカンドステージ第1節の柏レイソル戦では前半24分にMF水沼宏太（現在は横浜F・マリノス）のゴールを、同38分には結果的に決勝点となった豊田のゴールをそれぞれアシスト。チーム内での地位を着実に固める活躍ぶりだった。

「夏が過ぎて、試合にコンスタントに出場するようになってからは、プロに入ったばかりの頃とはまったく違っていました。高校卒新人の感じがしませんでした。体はでき上がってはいませんでしたが、体づくりをしっかりとやっていたので、ひ弱だと思ったことはありません。本当に、決定的な仕事ができる選手でした。それがトップトップに行く選手というものです。

ペナルティーエリアまで行ける選手は日本にもたくさんいますが、最後のところで仕上げ切ることが重要です。守備の選手にしても、最後のところで守れることが大事です。ボックスのところでの差がサッカーのレベル差だと思いますが、大地はその部分で群を抜いていました。プレーの質が高くて、周りの状況が見えています。フィジカルがなくても、足が速くなくても、それでもあれだけやれるんだと、世界

で示してくれているのが大地。高校生の見本になる選手です」（森下）

プロ1年目のことなどについて、大地はのちにこう語った。

「練習参加で来ている高校生の練習とかを見ると、下手だなって思います。自分のときもこんなもんやったんかなって……。高校とプロでは何もかもレベルが違います。入った当初はその違いに苦しみましたし、1年目から試合に出るのは簡単なことじゃないと思いました」

クラブの根本的な哲学としてハードワークを重要視する鳥栖でスタートを切れたのは、大地にとって大きかった。「素晴らしい人間ばかりで、監督としての契約が1年で終わったのが残念なくらいのメンバーでした」と懐かしむ森下。黎明期からチームを支えたレジェンドのMF高橋義希（現在はサガン・リレーションズ・オフィサー）、あるいはDF吉田豊（現在は清水エスパルス）など、人間性に優れた選手が多数在籍していた。水沼やMF藤田直之など、当たり前にハードワークできる選手も多かった。

彼らは、大地が練習で守備に行かない場面があると、「やれよ」と厳しく指摘してくれた。そのため、守備に対する大地の意識は、格段に高くなった。

「トップ下って聞くと、かっこいいイメージがあるけど、鳥栖の場合はそうじゃありません。攻撃だけじゃなくて、守備でもしっかりと走らないと、試合で使ってもらえません」（大地）

守備で特に必要な運動量を増やすために、1人で3部練習を行うなど、大地は、プロ入り後も努力を重ねた。その姿勢は、幼少期から高校時代までと変わらなかった。

福重は目を細める。

「大地はプロに入ってからも、『下手だから、武器を磨いている』と言っていました。僕は、そういう子が好きです。今は「はい、はい」とだけ言ってやらない子が多いんです。大地は、手がかかりますが、もっと上を目指してほしいと応援できる子でした」

確かな爪痕を残したが、リオデジャネイロ・オリンピックのメンバーには入れず

大地に対する注目度は、Jリーグで試合に出るごとに高まった。8月には、2016年のリオデジャネイロ・オリンピックを目指すU－22日本代表候補選手を集めて行う、京都合宿のメンバーに選出された。25人のリストには、MF遠藤航（現在はシュツットガルト＝ドイツ）やFW浅野拓磨（現在はボーフム＝ドイツ）など、のちにA代表でも顔を合わせることになる選手たちが、名を連ねていた。

唯一のルーキーで最年少の大地に対する、メディアの関心は高かった。しかし、当の大地は、「いろいろな注目のされ方をしているけど、自分はそこまでの選手じゃありません」と話した。

「高校時代に代表の選手とマッチアップしたときに、自分が負けている感じはしませんでした。プロになって結果を残したら、代表に入れるかなと思いました。日の

丸を背負うからには、責任を持ってプレーしなければ（いけない）と思います。やっていてうまいなと感じる選手ばかりだったので、すごいところでやっているんだなと思いました」（大地）

自身初となる年代別代表への選出だったが、合宿初日の練習場所は東山高校のグラウンドだった。続く2日目と3日目のグラウンドは西京極陸上競技場兼球技場。不思議な縁があるもので、高校時代に慣れ親しんだ場所ばかりだった。

練習前のウオーミングアップでは、1歳年上で、高校時代に京都府内でしのぎを削り合った京都橘高校出身のFW小屋松知哉（現在は柏レイソル）と汗を流しながら、高校時代を懐かしんだ。

一方で、不慣れな代表チームに、とまどいものぞかせた。同部屋となったMF中島翔哉（現在はアンタルヤスポル＝トルコ）とは会話をかわしたが、グラウンドに出ると、人見知りの部分が表れた。

「最初の人間関係の部分で、差を感じました。（ほかの代表選手たちは）初対面でもうまく入れるものだと思いました。コミュニケーションをとりにいけているかと言えば、いけていません。鳥栖では、トヨさん（豊田陽平）たちが気を遣って話しかけてくれたので、うまく入り込めたかなと思えましたが、代表は有名な選手ばかりで、そういう人たちとしゃべっていいのかなと考えてしまいます。でも、プレー中にどんどん声をかけて、普段のところにも入っていけるようにしたいです」（大地）

プレーの面でも、大きな刺激を受けた。

「一つひとつのプレーがみんなすごくうまいなと思いました。動きが速かったですし、（パスの）出し手からのスピードについては、鳥栖では感じられないものがあったので、すごく刺激になりました。あんなに速いテンポのボール回しは、鳥栖や東山では求められなかったので久しぶりでした。置いていかれているなと思いました」（大地）

練習後には、手倉森誠監督と話し込む姿が見られた。「ゴール前でボールを持ったときはよさを出せるが、その回数を増やさなければいけない。そのためには、ボールをもらうときの動き出しを1、2歩早くすることや、どこでほしいかを伝えることが必要。それができれば、もらえる回数が増える」とアドバイスされた。

少人数でのトレーニングでは技術の高さを披露できたが、人数を増やしたゲーム形式のトレーニングになると、本領をなかなか発揮できなかった。

「僕からすれば、（パスを）出せるかなと思うような状況でも、味方にはそうは見えていませんでした」（大地）

動きの質とともに、A代表でも求められるコミュニケーションの重要性を知る、格好の機会になったのは間違いない。

3日目に行われた京都サンガF.C.とのトレーニングマッチでは、2点差をつけられた後半16分から途中出場する機会を得た。トップ下の位置から積極的にボールを引き出した大地はボールキープで攻撃の時間をつくり、MF前田直輝（現在はFCユトレヒト＝オランダ）のゴールをお膳立てするなど、確かな爪痕を残した。

そして、10月の国内合宿を経た12月のカタール・UAE遠征のメンバーに選ばれた。翌2016年も、3月のポルトガル遠征と5月のトゥーロン国際大会の際に招集された。しかし、本番のリオデジャネイロ・オリンピックのメンバーには入れなかった。

フランクフルトに完全移籍。「チャンピオンズリーグで優勝争いをすることが目標です」

2016年はオリンピックに行けなかったことで悔しさが残るシーズンとなったが、鳥栖では活躍を見せた。その前年までFC東京を率いていたマッシモ・フィッカデンティが、この年から鳥栖の監督になったが、新指揮官も、森下同様、大地の実力を高く評価した。

2015年のFC東京戦において、大地は、ホームでの1戦目が8分、アウェイでの2戦目が20分と、短い出場時間しか与えられなかった。しかし、フィッカデンティは「なんで、彼はスタートから出ないんだ」と話すほど、そのプレーぶりを高く買っていた。

2016年、フィッカデンティ監督は大地中心のチームづくりを進め、大地は、リーグ戦28試合で7ゴール2アシストの成績を残した。セカンドステージは、全17試合で先発出場を記録した。

背番号を7に変えて挑んだプロ3シーズン目の2017年は開幕からフル出場を続け、6月にフランクフルト(ドイツ)への完全移籍が発表された。大地は「チャンピオンズリーグで優勝争いをすることが目標です。今は代表に入りたいとかいう気持ちはないけど、海外で活躍すれば、呼ばれると思います」と意気込みを話した。

国内ラストゲームとなった浦和レッズとの一戦では、後半20分にFW小野裕二の先制ゴールを演出するなど、2-1での勝利に貢献した。試合後のセレモニーでは、高校卒業時点で行き先がなかなか見つからなかった自分を拾ってくれたチームに対し、感謝の言葉を口にした。また、「1年目にお世話になった森下監督がいなかったら、今の僕は確実にありません。クソガキだった僕の面倒を見てくれて感謝しています」とも話した。鳥栖で過ごしたのは2年半で、森下の指導を受けたのはそのうちの1年だけだが、その出会いは、間違いなく、大地の運命を大きく変えた。

「起用法は簡単ではありませんでした。スタートから使う方がいいのか、いいタイミングで出せるようにベンチに置いておく方がいいのか、当時の僕には迷いがありました。大地をもっと使った方がいいのだろうかとも考えました。

本人としては納得いかない部分があったでしょうが、僕は、結果的に彼が成長して輝けばいいなと思っていましたし、実際に、シーズンの半ばから彼中心のチームになりました。彼がヨーロッパに行く前のセレモニーで僕の名前を出して感謝の言葉を言っていたと関係者から聞いたとき、やっぱり間違っていなかったと思いました」（森下）

大地の可能性を信じた牛島とめぐり会えたことも大きいが、そういった人との出会いは大地自身が「引き寄せた」ものと森下は言う。

「ガンバのジュニアユースから東山高校に行って、経験しなくてもいいような苦労をしたと思います。才能があるがゆえに、神様が苦労を早く与えたんじゃないでしょうか。でも、そこで逃げずに踏ん張って、真摯に向き合ったからこそ、いい出会いがあったんだと僕は思います。いい人との出会いは、彼が持っているもの。彼自身がいい出会いを引き寄せたんです。

もしも違うJクラブに入っていたら、今みたいにはなっていなかったかもしれません。J1までたどり着かずに終わっていた可能性だってあります。悩んでいたクラブに『獲った方がいい』と進言した牛島さんを含め、大地は周りの人に恵まれました。でも、それは大地が逃げなかったから、人のせいにしなかったからです。その頃の話を聞いたことがありますが、大地は『負けたら、自分のせいだ』と言っていたそうです。そんな選手はなかなかいません」（森下）

UEFAチャンピオンズリーグで優勝するという目標を叶えるために海を渡った大地は、8月12日に行われたドイツカップ1回戦のTuSエルンテブリュック戦で、公式戦初先発を果たした。さらにその8日後には、フライブルクとの開幕戦でドイツ・ブンデスリーガにデビュー。しかし、新天地でのプレーはうまくいかず、ルーキーイヤーのリーグ戦出場は3試合だけだった。

「ベルギーリーグでやる選手ではない」。森保一が率いる日本代表に初招集される

移籍当初は、異文化にとまどった。海外の人間は自分の意見を周りにハッキリと示すのが当たり前だが、日本人は違う。パスにおいてミスを起こす割合は、出し手が3割で受け手が7割と言われたりするが、日本人の場合、その場の空気を壊さないように出し手の方が「ごめん。パスがズレた」と謝る。しかし、ヨーロッパでは、受け手が100パーセント悪かったとしても、「お前のボールがズレていた」と出し手を責める。

「『謝ったら、全部自分のせいにされる。このままではいけないと思った』と大地が言っていました。『日本にはお互いにごめんと謝る文化があるけど、何でも謝るのはよくない。ミスが起きたら、お前のパスが悪かった、お前の走りが悪かったと言うようにしないと、チームはよくなっていかない。だから、今はチームでも代表でも、自分の意見を主張している』ということも話していました」（幹雄）

最初のシーズンのオフには、スペイン2部リーグのチームから誘いがあったが、交渉がまとまらなかった。そして、期限ギリギリで、ベルギー1部リーグに所属するシントトロイデンVVへの期限付き移籍が決定した。

浦和レッズからMF遠藤航、インゴルシュタット（ドイツ）からMF関根貴大（現在は浦和レッズ）が加入することも、同時期に決定した。前のシーズンの途中にアビスパ福岡から移籍したDF冨安健洋（現在はアーセナル＝イングランド）、流通経済大学から加わったDF小池裕太（現在は横浜F・マリノス）を含め、日本人選手が多い環境は、大地にとってよかったかもしれない。

シントトロイデンVVでのプレーを機に、遠藤がドイツ、冨安がイタリアのクラブへの移籍を果たした。シントトロイデンVVは、ヨーロッパの大きなリーグで活躍できる選手になるための登竜門的な意味合いを持つクラブである。その点も、大地がさらなる成長を遂げるには好都合だった。

とはいえ、100年以上の歴史を誇る名門で、旧ドイツ選手権において1回、ドイツカップにおいて5回の優勝を数え、毎試合5万人以上の観客が詰めかけるフランクフルトに比べると、クラブとしての格の違いがあるのは否めない。プレーレベルも違うため、モチベーションが落ちても不思議ではなかった。

新天地がなかなか決まらなかった時点で「日本に帰ってくるの？」と幹雄が尋ねると、大地は、「なんで帰る必要があるの？　1年うまくいかなかっただけじゃないか。1回でうまくいくわけがないし、あきらめるわけがない」と返した。

「悔しさをバネにできますし、目標が明確だから、あきらめずにやれます。這い上がるというよりは、目指すべき山が明確な気がします。エベレストを1回で登れる

人なんかいません。大地は、目標がブレないから、何度でも頑張れます」（幹雄）
1年でのドイツ復帰をもくろむ大地は周囲を納得させるために、目に見える結果にこだわった。まずは移籍後初戦となった2018-19シーズン第7節のKAAへント戦において、途中出場ながら、華麗なドリブルからゴールネットを揺らし、チームの勝利に貢献した。そして、その後もゴールを重ね、プロ生活で自身初の2桁得点となる12ゴールをマーク。ある試合では、対戦相手の監督が「鎌田ほどのクオリティーを持つ選手は、ここ数年いなかった。ベルギーリーグでやる選手ではない」と口にするほどのパフォーマンスを見せつけた。
2019年3月には森保一が率いる日本代表に初招集され、「SAMURAI BLUE」の一員になった。コロンビア戦の後半34分、MF南野拓実（現在はモナコ＝フランス）に代わって1トップに入り、代表デビュー。さらに、10月のワールドカップ・アジア2次予選のモンゴル戦で初得点を記録した。
チャンスメーカーの色合いが濃かった大地のプレーに、この頃から大きな変化が見られた。プロ入り後の成長について、福重が話す。

「高校のときの大地は、どちらかと言うと、（シュートよりも）パスの方に美学を持っていました。もちろん、点も取っていましたが、得点に対するこだわりは、そこまで強くないように見えました。

プロ1年目にガンバと鳥栖の試合を見ましたが、雨の中、スライディングでシュートを打ちに行く大地の姿を見て、ゴールに対してすごく貪欲になったなと感じました。プロでは点を取らなければ評価されないということが、だんだんとわかってきたからでしょうか。

フランクフルトに行ってからは、自分が評価されるのは得点なんだという感覚がより強くなりましたし、シントトロイデンに行ってからは、結果にさらにこだわっていました。そこが、プロになってからのプラスアルファだと思います」

最初は評価されなくても、いつか必ず信頼を得る

シントトロイデンＶＶでの活躍が認められて、思惑通りにフランクフルトへの帰還を果たした大地は、オーストリア代表の指揮を執った経歴を持つアドルフ・ヒュッター監督に評価され、ドイツでもブレークし始めた。それに伴い、サポーター人気も上昇した。

「調子がよければいい方に受け取られるものですし、悪ければ悪い方に受け取られるものです。ベルギーでは、クールなところが『アイスマン』と呼ばれて、もてはやされました。ドイツでは『冷静』と好意的でしたが、少し前までは負けると『戦えない』とか『感情をもっと表に出せ』と言われました。大地自身は変わっていませんが、周囲の受け取り方は活躍次第で変わるものです。

最初の頃はチームメイトの長谷部誠選手からも『感情をもっと出した方がいい』

と言われたようです。でも、大地は、『俺は変わらない。周りの目を変わらせてやる』と言い続けていました」（幹雄）

守備を重視するオリヴァー・グラスナーが監督に就任した2021－22シーズン以降は、サッカーに対する大地の取り組みが大きく変わった。試合を通して、サボることなく、守備でいい立ち位置を取り続けるようになった。パスコースに入ったかと思えば、味方のカバーリングにも汗をかいた。

フランクフルトに戻ったあとはトップ下がメインのポジションだったが、2022－23シーズンからは、ボランチとしての出場機会が増えた。これまでとは違うポジションで奮闘しながら、本来の攻撃センスも、要所要所で発揮した。

22－23シーズンのプレースタイルに驚きを隠せないのは、小学生のときに大地の指導に携わった飯尾始（FCゼブラ・ゼブラキッズ代表）である。少しでもボールに触った方がいいと考えた飯尾は、当時、ヘディングの練習を一切しなかった。そのため、大地には、試合中に相手とヘディングで競り合う経験がなかったし、相手ボールを本気で奪いに行く熱意が感じられなかった。しかし、今は違う。

「ここ数年、大地のプレーが劇的に変わったように思います。守備や対人プレーでたくましさが出てきましたし、守備をやらないイメージがなくなってきました。自分に必要なものがわかっているから、成長するために、自分に足りないことを避けずにやっているんじゃないでしょうか」（飯尾）

ボランチでの出場は、森下がプロ1年目に描いた通りである。だから、今の活躍ぶりに驚きはない。

「今だからシンデレラストーリーみたいに話せますが、たいていの選手は、夢の途中で終わります。活躍しても、大地のようには続きません。どこかで自分に負けて、あきらめて逃げ出す選手がほとんどです。でも、彼はすごく考えて努力しています。努力の人。本当に賢い選手です」

そう話す森下は、大地は守備ができる選手と認識している。

「サッカーでハードに戦うのは当たり前なのに、ヨーロッパに行った日本人がハードに戦えずに帰ってくるのは、すごく情けないことだと思います。ハードに戦うのは誰にでもできること。やろうと思えば、できるんです。僕なんか、それだけで生きてきました。

ヨーロッパに行くような選手は指導者が教えられないものを持っているのに、逆に、誰にでもできるプレーができなかったりします。それで、チームの穴になって、試合で使われなくなるんです。マンチェスター・シティやアーセナル（ともにイングランド）には、穴になる選手が1人もいません。

やらなければいけないと思っている時点でマイナスです。人よりも走るのではなく、予測して適切なタイミングで適切なポジションに入れば、ハードワークですらありません。大地のようにサッカーを知っていれば、ハードワークと呼ばれるプレーが自然とできるものです」（森下）

幹雄にとって喜ばしいのは、大地が、最初は評価されなくても、いつか必ず信頼を得ることである。

「『大地は難しい選手で、監督によって評価が変わる』と言う人がいますが、僕はそうではないと思います。評価されるまでに時間はかかるかもしれませんが、監督が求めることをやる中で、自分の特長も出せる選手。プロになってから大地のことを評価しなかった監督はいません。みんなが評価してくれています。

一部の監督しか評価しないタイプではなく、監督が求めていることを理解した上で、自分の特徴を出せる選手です。最初はうまくいかなくても、時間をかけて評価をつかみ取ります。だからこそ、森保監督も最終的にワールドカップで使ってくれたんだと思います」（幹雄）

2022年に行なわれたFCバルセロナ（スペイン）とのヨーロッパリーグ準々決勝第2戦では、守備で奮闘するとともに、DFフィリップ・コスティッチ（現在はユベントス＝イタリア）の3点目をアシストし、3－2の番狂わせを演出した。チームは2戦合計4－3でベスト4進出。続くウエストハム（イングランド）との準決勝第1戦では、決勝ゴールをマークした。

さらに決勝のレンジャーズ（スコットランド）戦でも、思い通りに進められない展開の中で、攻守にわたり、チームを支えた。後半12分に先制されたが、同22分にコスティッチのゴールで追いつき、延長戦に突入。延長30分の間にスコアは動かず、PK戦で決着をつけることになった。大地は、3番手のキッカーとして名乗りを上げて決め、5－4の勝利に一役買った。

フランクフルトにとっては、1979－80シーズンに獲得したUEFAカップ以来となるヨーロッパタイトルだった。グラスナー監督は、優勝直後のインタビューで「守備のキーマンだった」と大地のディフェンスを称賛。それくらい、貢献度が高かったのである。

テレビ観戦した幹雄は、大地のPKを見て驚いた。

小学生のときの大地は、まだキック力がないというのに、プロ選手のやり方を真似て蹴り、相手GKによく止められていた。ある試合でのPKでは、自信を失っていたのか、弱気な表情を見せた。それが気になった幹雄は、試合後、大地とグラウンドに残り、納得するまで、ＰＫの練習を繰り返した。それ以降、ＰＫはずっと左に蹴っていたのだが、ヨーロッパリーグ決勝のＰＫ戦では、右に蹴った。そのことに対し、幹雄は驚いたのである。その疑問を大地にぶつけたところ、実際に、左に蹴るようになってからのＰＫにおいて、初めて右に蹴ったのだった。

「サッカーに興味がない女性をも納得させるプレーをしなければいけない」

２０１９年の冬、森下は自身のオフを利用し、２週間の日程で、ヨーロッパに足を運んだ。ガンバ大阪Ｕ－23で関わったＭＦ食野亮太郎（当時はハーツ＝スコットランド、現在はガンバ）とＦＷ中村敬斗（当時はＦＣトゥエンテ＝オランダ、現在はＬＡＳＫリンツ＝オーストリア）、そして、大地の３人に会うためである。

フランクルトの試合を見たあと、大地が森下と森下の妻を滞在先のホテルまで送り届けてくれた。鳥栖時代の思い出話に花を咲かせるとともに、ヨーロッパに渡ってからのことについて語り合った。

「Jリーグのときと同じようにドイツでもプレーしていたので、『お前、大したもんだな。Jリーグでやっていたようにやれているのはすごい』と言いました。ガンバからアーセナルに行ったMF稲本潤一(現在は南葛SC)にしても、フランクフルトの長谷部誠にしても、ヨーロッパに行ってから、自分のスタイルを変えました。でも、大地は空気感がずっと同じままでした。鳥栖時代のまま、ヨーロッパのトッププレベルの中でやっていました。すごいことです。でも、今でもたまに試合を見ると、もっとできると思ってしまいます。僕がベンチにいたら、『もっとできるんじゃないか』と言うと思います」(森下)

「ドイツ語はできるの？」と尋ねると、「僕はサッカーでねじ伏せますんで」といたずらっぽく返してきた。それを「大地らしいです」と森下は笑う。

「すごくとっつきやすくて、かわいいです。今でもたまに連絡しますが、すぐに返してくれます。表立って明るく振る舞わないところは、僕と似ています。そこは損しているところかもしれませんが、彼は自分のサッカーでいろいろなものをねじ伏せてきました。ベルギーに行って、結果を出すしかないところで2桁も点も取るなんて、普通の選手にはできません」（森下）

ヨーロッパでの地位を確固たるものにしても、オフに帰国すると、東山高校のグラウンドに顔を出す。自分が入ることで誰かが練習を休まなければならない時間ができるのはよくないとの考えから、鳥栖には行かないようにしている。そんな事情を含めての東山訪問という側面もあるにはあるが、東山高校に行くのは、あくまでもそこで過ごした3年間が大地にとって特別だからである。

練習に行っても、大地に合わせたトレーニングになると迷惑がかかると考え、練習そのものには加わらない。後輩たちに「こんな風にプレーしろよ」とは言わないし、偉そうな態度は一切とらない。基本的には、グラウンドの隅で1人でボールを蹴っている。

ワールドカップを終えた2022年の冬に顔を出した際には、例外的なこととして、3年生の控えGKを相手にシュート練習に励んだ。シュートを受けたその選手は、当然のごとく、感動していた。

東山高校が準優勝した2022年度の全国高校サッカー選手権大会（以下、選手権）では、自分が表に出ることでチームに迷惑がかかってはいけないと気を遣い、スタンドからひっそりと後輩たちの試合を見守った。試合後、そのスタンドから「先生、帰ります」と福重に声をかける程度だった。

大地のマネージャーを務める中村太郎は、「試合内容ではなく、『大地が来た』みたいな記事がたくさん出たのを嫌がっていました。大会で結果を残しているのは、今いる選手たち。自分のせいで主役が変わるのを嫌がっていました」と振り返る。

福重は、「大地が来たからといって、彼だけをロッカーに入れて激励させるのはおかしな話です。たくさんいるＯＢの思いは、みんな一緒。見て帰るだけのＯＢはほかにもいて、それで十分だと僕は思います。大地は顔を出して騒ぎになるのが嫌だったんでしょう」と話す。福重の考えも大地の考えも、よくわかる。お互いのことを理解できているからこそとった2人の行動だった。

その選手権の前、2022年の11月から12月にかけ、大地はカタール・ワールドカップを戦った。周りからは運動量を評価されていたが、大地自身は、「それは当たり前であって、点を取れていないのが問題」と幹雄に話していた。

グループステージ第2戦のコスタリカ戦では、「なんで、こんなにミスが多いのかわかりません」と自身で振り返るほど、らしくないプレーが多かった。

その大舞台でのプレーについて、森下はこう話す。

「ワールドカップで活躍するのは、簡単なことではありません。選手をどう活かすかは、チームがどういうスタンスでゲームを進めるかによって変わってきます。大地は自分を押し殺しながら、犠牲心を持って、プレーしていたと思います。

最終予選の最後に呼ばれなかった選手なのに、『ベスト16で負けたのは大地の責任』という報道が出ました。それは、大地が力をつけた証拠。それだけの責任を背負わされているんだと思いました」

ＰＫ戦の末に敗れたラウンド16のクロアチア戦では、後半30分でＤＦ酒井宏樹（現在は浦和レッズ）と交代したが、森下としては、最後までピッチに立ち続けてほしかった。メンバーの中で、大地だけが所属チームでＰＫ戦のキッカーを務めた選手だったからである。

また、そのプレーぶりから、大地と日本代表が今後進んでいくべき姿が浮かんだ。

「大地は、チームが勝つために自分が何をすればいいかがわかっていますし、チームメイトを活かすために自分が何をすればいいかをものすごく考えています。ですから、僕は日本代表でも彼をボランチに置くのが１つの手になると思います。

遠藤保仁（現在はジュビロ磐田）と似ている部分があって、ゲームを読む力がものすごくあります。今、何をするべきか、どういうプレーを選択するべきかを試合中にすごく考えています。彼をどう活かすか、彼が輝ける場所をどうつくるかが、日本サッカーにとっての目指す方向になるんじゃないかと思います」（森下）

福重の指導者としての目標は、チームの選手権日本一と教え子のワールドカップ出場であるが、後者は大地によって叶えられた。

「教え子が日本代表として日の丸を背負ってワールドカップに出たことは、すごくうれしかったですし、ありがたかったです。指導者としての方向性が間違っていなかったことの1つの証明になりました」と喜ぶが、その一方で、「大地なら、もっとできたのでは……」との感情も抱いた。

「ヨーロッパリーグでの出来からすると、ワールドカップでのパフォーマンスは物足りなかったです。彼にとっても、納得できない大会だったと思います。大地のプレーを理解してくれる仲間がいなかったのかなという気がします。フロンターレでプレーしていたときの三笘薫（現在はブライトン＝イングランド）のことは周りが理解していましたが、それとは違ったかなと感じます。大地にボールを預けてやろうという感じではありませんでした。

でも、そういう部分は、結局は積み重ねです。『頑張っているんだから認めてくれ』

ではなくて、やり続けることによって、重要な存在だと認められるようにならなければいけません」

大会後、福重は大地に対し、「サッカーに興味がない女性をも納得させるプレーをしなければいけない」と話した。ワールドカップは、サッカー好きが動向を追いかけるブンデスリーガとは違う。いつもはサッカーに興味を示さない老若男女の多くが、ワールドカップには注目する。だからこそ、サッカーを知らない女子高生などにも「鎌田君ってすごい」と言わせるプレーをしなければいけないと、福重は考える。

「クロアチア戦でも守備で頑張っていましたが、それはにわかファンにはわかりません。『寄せていなかった』と言われる失点場面で顔面ブロックができていたら、認められたかもしれませんし、サッカーのことをわかっている僕らからすれば、パスコースを消していたと理解できます。でも、わからない人たちに『わかってくれよ』と理解を求めるのではなくて、わからない人たちにもわからせるプレーをして

いかなければいけません」（福重）

「難しい状況を跳ね返す強さや打開する賢さを持っている選手です」

2023年3月、新生日本代表が、2026年のワールドカップ（カナダ、メキシコ、アメリカの3カ国共同開催）に向け、スタートを切った。26人のうちの4人が初招集と若返りを意識したメンバー選考だが、当然、大地の名前もあった。年齢は上から数えて6番目。2022年のカタール・ワールドカップのとき以上に、中心選手としての活躍が期待される。

ウルグアイとのリスタート第1戦では、これまで同様、トップ下としてプレーし、続くコロンビア戦では、前半のみの出場ではあったが、フランクフルトと同じボランチのポジションに入った。ボランチは、現在はオプションの1つかもしれない。

しかし、大地が攻守の行方を左右する中軸として考えられているのは間違いない。

2度目のワールドカップを迎えるのは30歳を目前にしているときで、選手としての脂が乗った時期である。サポーターだけでなく、これまで関わってきた指導者たちの期待もさらに高まっているだろう。最後に、そんな指導者たちの言葉を記しておく。

「大地がワールドカップに出たのは、すごく感慨深いことです。そういう選手を育てるのが自分の夢だったので、それが叶いました。

ワールドカップは、厳しいグループステージだったと思います。ドイツに勝ちましたが、次のコスタリスカ戦は、まさかの敗戦。最後のスペイン戦は、勝つと信てはいましたが、前半を見ていたら、スペインがとてもうまかったので、これは勝てないと思いました。でも、後半からサッカーをガラッと変えて、2点取りました。ゲーム内容は面白かったですが、相手にボールを握られて守備に追われていたので、大地は持ち味を出せませんでした。本人としてはまったく納得していないでしょうし、僕ももっとできたんじゃないかと思います。でも、4試合ともスタメンで出たのはすごく誇らしいことです。

人は、うまくいかないところから成長すると思います。大地には次の大会もあるので、（今回の悔しさを）そこで晴らしてほしいです。ワールドカップにもう1回出て、今度はみんなが納得するようなプレーを見せてほしいです」（FCゼブラ・ゼブラキッズ代表／飯尾始）

「大学の後輩がドイツで仕事をしているので、この間、『大地はどう？』と聞いてみました。すると、『今の大地は神ですね』という答えが返ってきました。

ドイツには助っ人という扱いはありません。どの国のどの人でもウエルカムで、受け入れてもらいやすい環境ですが、大地にはもうワンランク上のリーグでやってほしいなという思いを勝手に持っています。今でもすごいのでしょうが、もっとできるだろうといつも思ってしまいます。（堂安）律にしても、もっとできるんじゃないかと思います。それと同時に、彼らに対しては、もっとこうしてあげたらよかったのかなという思いもあります。

僕は彼らに出会わせてもらって、学ばせてもらいました。子どもたちはみんなサッカーが好きですが、みんながみんなプロになれるわけではありません。なれない子の方が多いんです。だからこそ、（大地に対しても律に対しても）プロになってくれてありがとうと思います」（横浜F・マリノスジュニアユース監督／梅津博徳）

「大地は、日々成長しています。マスコミとかを含め、何かに押しつぶされそうなときでも必ず耐えて跳ね返しています。ちゃんと成長して、プレーや結果で跳ね返していきます。ですから、これからもまだ伸びるんじゃないでしょうか。成長曲線がすごいです。

チームとしてはうまくいきませんでしたが、東山高校でも、個人としてステップアップしました。当時から、素晴らしいサッカーセンスを持っています。ああいう選手にまた関わりたいです。海外で活躍して日本代表を背負える選手を育てたいという夢が湧いています」（東山高校監督／福重良一）

「ドイツで話したときに、『自分に関わってくれた周りの人全員を食べさせられるくらい稼ぎたいから、まだまだ足りない。だから、プレミアリーグ（イングランド）に行かなければいけない』と言っていました。サッカーでこうなりたいという話ではなかったので、スタンスがちょっと違うなと思いました。それが彼のすごさです。日本代表で、もっと責任あるポジションをやってほしいです。トップ下だと、ポジショニングをミスしても、大きな問題になりません。大地にもっと責任を背負わせてほしいと思います。それをこなせる力はあります。才能のすべてをまだ出し切っていません。

これまでに、いろいろな壁を乗り越えてきました。これからも、とても高い壁にぶち当たるはずですが、間違いなく順応して、もっとスケールが大きい選手になると思います。大地は、難しい状況を跳ね返す強さや、難しい状況を打開する賢さを持っている選手です」（ガンバ大阪ユース前監督／森下仁志）

2023年6月3日、ドイツカップ決勝で、フランクフルトとしての最後の試合を戦った ©Getty Images

第4章の主な登場者プロフィール

森下仁志
（元サガン鳥栖監督）

もりした・ひとし◎1972年9月21日、和歌山県出身。帝京高校、順天堂大学でボランチとして活躍し、ガンバ大阪に加入。コンサドーレ札幌（当時）と、ジュビロ磐田でもプレーし、2005年限りで引退した。06年に磐田U-18のコーチに就任、トップチームの監督も務めた。その後、サガン鳥栖、ザスパクサツ群馬、ガンバ大阪U-23、同ユースの監督を歴任した

EPISODE 2

谷口博之

（サガン鳥栖時代のチームメイト）

大地は、周りから反対されても、自分は絶対にプロサッカー選手になるという強い気持ちを持っていたんだと思います

©SAGAN DREAMS CO.,LTD.

プロフィール

たにぐち・ひろゆき◎1985年6月27日、神奈川県出身。横浜F・マリノスユースから川崎フロンターレに加入し、2年目にレギュラーに定着した。U-23日本代表として、2008年の北京オリンピックに出場。横浜FM、柏レイソル、サガン鳥栖でプレーし、19年限りで引退した。現在は鳥栖の強化部でスカウトを務めるとともに、神奈川県横須賀市ではサッカースクールを運営する

生意気な感じが、なぜかかわいかったんです。年上にもちゃんと意見を言えるところも彼の良さ

サガン鳥栖の練習に初めて来たときの大地の印象ですが、今の感じのままで、ふてぶてしかったことをよく覚えています。もともと、気持ちを前面に出すタイプではありませんが、「何がなんでもプロになってやる」という感じはなくて、「お前、本当にプロになりたいの?」と思いました。

練習に参加する選手はたとえ下手でも一生懸命なタイプが多いのですが、大地はボールを奪われても動じませんでした。当時、鳥栖にいた播戸竜二さんや水沼宏太(現在は横浜F・マリノス)らに「もっとやれよ」と言われても、気にしていませんでした。彼なりに芯があったんでしょう。でも、一緒にトレーニングをするうちに、サッカーが好きでうまくなりたいという強い気持ちを感じるようになりました。

僕は練習参加に来た選手をいじるのが好きなのですが、わざと強いパスを大地に出

して、「これがプロのパスだよ」と言ったことを覚えています。今でも大地に会うたびに、「いじられた」と言われます。

大地とは2人でご飯を食べに行く機会が多かったのですが、非常に頭がいいと感じました。お互いに気を遣わない存在でした。会話が自然に生まれるので、居心地がすごくよかったです。年は離れていますが、2人でよく話しました。大地の方から、気さくに声をかけてくれました。人にかわいがられるタイプだと思います。生意気な感じが、なぜかかわいかったんです。

頭のよさは、プレー中にも感じました。ミスはもちろんありますが、そのプレーが正しいと思えば、ミスしても同じプレーを続けられます。18歳なのに自分が描く道がしっかりとしているのかなと思いました。

試合中は常に冷静で、見習うべきところがたくさんあります。先輩を操るのがうまくて、空気を読めていないようで読めています。年上にもちゃんと意見を言える選手で、年上からすると、そういうところもかわいいですし、彼の良さだと思います。

プロ1年目の監督だった森下仁志さんは、大地のことをすごく気にかけているように見えました。甘やかすわけではなくて、すごく怒るけど、メンバーに入れて使っていました。親子みたいな関係性でした。

大地は午前の練習が終わると、午後から1人で筋トレをしていました。1年目の最初は試合に出られませんでしたが、向上心がすごく強かったので、まったく心配していませんでした。いずれ試合に出てくるだろうなと感じていました。あとづけになるかもしれませんが、逆に、周りがアドバイスしすぎてつぶれなければいいなと思っていました。でも、そこは森下さんやスカウトの牛島真諭さん（現在は鹿島アントラーズ）がうまくフォローしていた気がします。森下さんは、大地本人には厳しく言っていましたが、いつも大地のことを気にしていました。大地にとっては、すごくいい環境だったと思います。

当時鳥栖に在籍し、現在は年代別代表でフィジカルコーチを務めている津越智雄さんが大地とすごく仲がよくて、よく一緒にトレーニングをしていました。津越さんはすごくいい人で、生意気な大地を支えてくれていました。厳しいことを言う先輩もいましたが、大地にとって、いい環境がそろっていたと思います。

大地が最初に鳥栖にやってきて、鳥栖から巣立ってくれたのは、僕らにとって、うれしいことです。僕は今、鳥栖のスカウトをやっていますが、大地みたいな選手を連れてきたいといつも思っています。鳥栖には選手が育つ環境があることを大地が証明してくれました。これは、クラブとして大きなことです。

こんなサッカーやりたくないみたいな雰囲気を出しますが、試合になると頑張ってくれます

大地のプロ1年目は、チームが勝てていませんでした。残留争いの真っただ中で、ルーキーにとっては厳しい状況だったので、大地には申し訳ない気持ちがありまし

た。それでも試合に絡んでいたのは、かなりすごいこと。降格も優勝もない中位のチームだと、のびのびとプレーできるので、若手がぐんぐんと伸びます。逆に、残留や優勝を争っているチームで成長できる選手は少ないんです。自分がうまくなるためのサッカーではなく、勝つためのサッカーになるので、自分をうまく出せません。

当時の鳥栖は前にロングボールを蹴り込むサッカーだったので、大地としては、よさを出しづらかったはずです。でも、残留を争う中で試合に出て、結果をちゃんと残しました。あの若さでは考えられないことだと思います。自分のプレースタイルではないサッカーなのに、そこで試合に出て活躍するのはすごいです。

技巧派の場合、フィジカル重視のチームでは活躍できない選手が少なくありませんが、大地はセカンドボールを拾ったりすることもできるので、どんなサッカーにも対応可能だと思います。こんなサッカーやりたくないみたいな雰囲気を出しますが、試合になると頑張ってくれます。だからこそ、ブンデスリーガ（ドイツ）や日本代表で体が強い相手と対戦しても、活躍できるのではないでしょうか。

ワールドカップでも、守備の部分ですごく頑張っていました。そういう姿を見ると、かわいいなと思います。やることはやる選手ですが、ニコニコしながら「はい、やります」みたいな感じではないので、損しているなと感じます。こびないですし、かわいがられようともしませんが、そこが大地のよさなのかなと思います。

あの頃の鳥栖は「球際、強くいけよ」みたいな声がよく飛んでいた時代ですが、僕は、大地にはあまり言いませんでした。守備がちゃんとできていて、結果をちゃんと出していたので、きつく言えないよなと思っていた部分があったのかもしれません。逆に、大地から何かを言われたこともありません。

大地は、パスを自分に早く預けてくれる味方が好きで、残留争いをしているときでも、俺にパスをつけてくれみたいな感じでした。こいつ、すごいなと思っていました。

僕は、鳥栖をJ2に落とすわけにはいかないと、かなりのプレッシャーの中で毎試合やっていたのに、大地はまったくびびっていませんでした。大地みたいな選手がいたからこそ、残留できたと感じます。そういうプレーを19歳のときにやってのけていたわけです。今、日本代表の中心選手になっているのも当然だろうなと思います。

鳥栖に入ってきたときは細かったですが、筋トレをすごくやっていました。それで20歳あたりからすごく強くなって、「1対1」の練習などで、球際の強さを感じました。鳥栖にいた2年半で、体のサイズがかなり大きくなりました。

帰国した大地に会ったら、フランクフルト（ドイツ）から走るメニューを与えられたということで、その夜に走っていました。鳥栖時代と変わらず、今もストイックなまま。プロで活躍する選手は、ストイックなタイプが多いです。ただし、「俺、やっています」と周りに見せるタイプばかり。僕も、どちらかと言うと、努力を見せるタイプでした。練習の1時間前にはクラブハウスに行って、筋トレをしていましたし、普通の選手よりは努力したつもりです。でも、大地は努力する姿を一切見せようとしません。

スカウトをやっていて生意気な子を見ると、大地のことが頭をよぎります

実は、今は大地の試合をそこまで見ていません。鳥栖のスカウトとしては、ブンデスリーガを見ても、獲得できる選手がいません。ですから、Jリーグや大学生の試合を中心に見ています。

うまくいかないときに人のせいにする選手は獲得したくないと思いながら、大学生を見ています。大地はヒョロヒョロしていて、やる気がなさそうに見えますが、実際は誰よりも走っています。彼のように、隠れている部分があるタイプ、本気を出していなくてもできるタイプは、プロに入ってからも伸びると思って見ています。

スカウトを始めて1年目はそういうところにあまり気づけなかったのですが、そ

ういった部分を持っている選手を見つけようとしています。例えば、川崎フロンターレの橘田健人選手はすごく地味にプレーしますが、彼がいることで周りがすごくうまく見えます。彼は高い身体能力と技術がある選手で、そういうタイプを探しています。

大地を獲得したスカウトの牛島さんにも言いましたが、大地を獲れたのは本当にすごいことです。練習生がふてくされたような態度だと、チームの雰囲気が悪くなります。大地が来たときも「ちゃんとやれよ」みたいな感じが周りの選手の中にあったのに、勇気を持って獲得を決めました。スカウトとして活動していく上では、牛島さんのような芯の強さや信じる力みたいなものが大事なのかなと思います。

スカウトをやっていて生意気な子を見ると、大地のことが頭をよぎります。ふてぶてしいと言いますか、芯が強くて自分を持っている大地のような選手は、とんがって見えます。でも、悪い子ではないですし、いい子ちゃんばかりではチームとしてよくないよなと思ったりもします。

ジネディーヌ・ジダンっぽいなと感じます。次のワールドカップでは、主役になってほしいです

大地のプレーで圧倒的に変わったのは、ゴールに対する意識です。鳥栖にいた頃は、決定的なパスやシュートがそこまで多くはありませんでした。でも、ドイツに行ってから、ゴールもアシストも多くなりました。Jリーグにいたときよりも、数字を残しています。そこが変わるのはすごいことです。

海外では、うまさだけでなく、結果も求められます。Jリーグでそこまで点を取れていたわけではなかったので、海外行きが決まったときは大丈夫かなと心配しました。でも、そんな心配はまったく必要ありませんでした。日本よりもレベルが確実に高いドイツでゴールとアシストを量産できる選手になったのは、すごくうれしいことです。

鳥栖時代から、ボールを持てて、攻撃のタメをつくれる選手だと思っていました。

うまいのでボールを失いませんが、相手としては、取りに行かないと、決定的なパスを出されます。でも、突っ込んでいくとかわされます。状況をちゃんと見ている冷静な選手です。

リーチの長さと独特の間合いを活かしたキープを見ていると、元フランス代表のジネディーヌ・ジダンっぽいなと感じます。大地にボールを預けると、周りは前に上がっていけます。そうした安心感は、昔からありましたが、ドイツに行って、さらに高まった気がします。

最初は苦しんだと思いますが、プレースタイルを無理して変えたりしませんでした。自分が大事にしているものをそのまま残しながら、成長した気がします。

攻撃だけでなく、守備に関してもレベルが上がっています。パスコースの切り方やうしろの選手と連動した守備のスイッチの入れ方が、年齢を重ねるにつれてうまくなっています。

大地は、周りから反対されても、自分は絶対にプロサッカー選手になるという強い気持ちを持っていたんだと思います。そういう気持ちは大事です。

今は、大学卒からA代表に入る選手が多くなりました。高校を卒業後の4年間は、（大学に進むにしても、プロになるにしても）サッカー選手として成長する上ですごく大事な時期ですが、大地は、高校からすぐにプロになりました。その（高校卒でプロ入りするという）判断は、大地の場合、すごく正しかったと感じます。自立していたんだと思います。本当に学ぼうと思うなら、勉強は引退してからでもできます。

クラブでの活躍はもちろんですが、代表でもっと活躍してほしいです。センターフォワードでもいいなと思っています。いつか見てみたいです。相手にとって危険なバイタルエリアで前を向ける体の強さがありますし、ゴールもアシストもできます。あれだけクレバーな選手は、なかなかいません。

中央でちゃんとプレーできる大地のようなタイプは、アジアでは、ほかにあまり思い浮かびません。背負う重圧は重いでしょうが、彼はなんとも思わないはず。次のワールドカップでは、主役になってほしいです。

日本に帰ってきたときは、今でも鳥栖の話をよくします。頭がいい選手なので、引退したら、指導者になってくれることも願っています。

エピローグ

高校時代の鎌田大地を知っている人たちの中で、彼が海外で活躍し、日本代表の主力になると予想できた人が、どれほどいるだろうか。今回、取材した関係者のほとんどの人が首を横に振ったように、想像できた人は少なかったはずである。

東山高校（京都府）3年時の秋に発売された、高校サッカーを取り上げる雑誌も、また然りだった。表紙を飾ったのは、夏の全国高校総体で優勝した東福岡高校（福岡県）や年代別代表の選手など。つまり、その年度を代表するスター選手たちで、そこに大地の姿はなかった。同時期に、試合の取材で彼と話した際に、その雑誌の話題になった。「なんで、俺が表紙じゃないんですか？　載っている選手たちよりも、俺の方が絶対にうまいっすよ」とふてくされていた。結果的に、この年度の高体連出身選手で一番の出世頭となったのは大地である。しかし、雑誌発売時点では、サガン鳥栖への加入がまだ内定していなかった。全国大会でプレーした経験すらなかった彼を表紙に持ってこなかった編集部の判断は、間違いではない。

私自身、プロになっても、先のステージに行くのは難しいと考えていた。実際に当時の大地に対し、「プロですぐに活躍するのは難しいから、大学に行った方がいいんじゃない？」と言っていた。しかし、その都度、「目標は日本代表になることや（ＵＥＦＡ）チャンピオンズリーグで優勝すること。今の日本代表のメンバーや海外に行っている選手たちを見ると、ほとんどが高校卒だから、少しでも早くプロにならなければいけないんです」と返してきた。プロになってからの彼の活躍を目の当たりにするたびに、うれしさとともに、自分の見る目のなさを痛感させられる。

「見る目がなかった。お前のことを信じられなくてごめん」

そう伝えたいと考えた私は、フランクフルト（ドイツ）への移籍が決まった直後に、サガン鳥栖の練習グラウンドに赴いた。日の丸を初めて背負ったＵ－22日本代表候補の合宿以来となる再会だった。オフに東京に行った際に有名な占い師に手相を見てもらったところ、覇王線があり、「すべてのことで成功できる運命にある」

と太鼓判を押されたという。そんな他愛もない話から、会話が始まった。ほんの立ち話のつもりだったが、海外移籍への思いや結婚したことの報告などで、10分以上も話し込んだ。高校時代に抱いたとっつきにくさは皆無になり、人懐っこさを感じた。

会話の終盤、「俺のこと、天才とか自信家だと思っているでしょ?」と大地が尋ねてきた。「なんでこんなに自信があるんだろうと、ずっと思っていた」と私が答えると、「誰よりも練習している自信があるから、負けない自信があるんです」と笑みを浮かべた。

東山高校に取材に行くたびに、練習後に遅くまで残ってボールを蹴り続ける姿を見てきた。守備での献身性の不足や熱意が感じられないように見える表情を理由に、「プロでは通用しない」と周りから言われても、大地には関係なかった。誰よりも自分のことを信じ、自分が目指す目標に向かって突き進んだ。ブレない信念が努力につながり、そして、活躍につながったのだと、こちらが学ばされた。

エピローグ

出会いから10年以上経った今も高校サッカーを取材しているが、大地と同レベルのサッカーセンスやうまさを持つ選手はいても、彼ほど自分を信じる選手とは出会っていない。高校生のプレーを見ながら、「プロで活躍する選手の条件とはなんだろうか？」とふと考えるたびに、大地の言動が、いつも脳裏をかすめる。成功するために必要な要素は、才能以上に思いの強さなのかもしれないと感じさせられる。

2023年4月、レンタル期間を含めて6シーズン過ごしたフランクフルトを契約満了によって去ることが、クラブから発表された。移籍先として多くのクラブの名が取りざたされているが、自身が熱望する、UEFAチャンピオンズリーグで優勝を狙えるビッグクラブに移るのは間違いない。そこでは、世界トップクラスの選手たちとの競争が待ち受ける。「鎌田には無理だ」と口にする人がいるかもしれないが、彼ならきっと大丈夫。ブレない信念がある限り、どんな困難が待ち受けようとも前進し続ける。鎌田大地のストーリーは、これからが本編である。

2023年6月吉日　森田 将義

©FUKUCHI Kazuo／JMPA

プロフィール

鎌田大地

かまだ・だいち◎ 1996年8月5日、愛媛県出身。3歳のときにキッズ FC(現ゼブラキッズ) でサッカーを始めた。ガンバ大阪ジュニアユースから東山高校に進み、2015年にサガン鳥栖に加入。1年目の 5月に行われた試合で、プロ初出場&初得点を記録した。17年にドイツのフランクフルトに完全移籍し、18年にベルギーのシントトロイデン VVに期限付き移籍。19年にフランクフルトに復帰すると、中心選手の 1人として活躍し、21-22シーズンの UEFAヨーロッパリーグ優勝に貢献した。19年に初選出された日本代表では、同年10月のモンゴル戦で初ゴール。その後、チームに定着し、22年のカタール・ワールドカップでは全4試合にスタメン出場した。180cm、72kg

著者プロフィール　**森田将義**

もりた・まさよし◎1985年1月26日生まれ、京都府出身。テレビに関わる仕事をしたいと高校在学時に考え、19歳のときから、在版テレビ局の番組でリサーチャーや放送作家として活動。2年間のサラリーマン生活を経験したあとの2011年に、かねてから興味を持っていた高校サッカーの取材活動をスタートさせた。現在は『サッカークリニック』（ベースボール・マガジン社）などのサッカー専門誌やウェブ媒体で執筆。『根っこがなければきれいな花は育たない』（内野智章著：ベースボール・マガジン社）、「常に自分に問え！チームの為に何が出来るか 立正大淞南高校の個とチームの磨き方」（南健司著：竹書房）の構成も担当した

ブレない信念《しんねん》

12人《じゅうににん》が証言《しょうげん》する
サッカー日本代表《にほんだいひょう》
鎌田大地《かまだだいち》の成長物語《せいちょうものがたり》

2023年6月30日　第1版第1刷発行

著　者　　森田将義《もりたまさよし》
発行人　　池田哲雄
発行所　　株式会社ベースボール・マガジン社
〒103-8482
東京都中央区日本橋浜町2-61-9 TIE浜町ビル
電話 03-5643-3930（販売部）
　　 03-5643-3885（出版部）
振替口座 00180-6-46620
https://www.bbm-japan.com/

印刷・製本／共同印刷株式会社

ISBN 978-4-583-11623-5 C0075